나, 치코 멘데스

Fight for the Forest
Chico Mendes in his Own Words Copyrights
© 1989 by Latin America Bureau

Latin America Bureau (Research & Action) Limited is a UK registered charity (no. 1113039). Since 1977 LAB has been publishing books, news, analysis and information about Latin America, reporting consistently from the perspective of the region's poor, oppressed or marginalized commuinities, and social movements.
www.lab.org.uk

All rights reserved. No part of this book may be used or reproduced in any manner whatever without written permission except in the case of brief quotations embodied in critical articles or reviews.

Korean Translation Copyright © 2023 by Gaptimebooks
Korean edition is published by arrangement with Latin America Bureau through BC Agency, Seoul

이 책의 한국어판 저작권은 BC에이전시를 통한
저작권사와의 독점 계약으로 '틈새의시간'에 있습니다.
저작권법에 의해 보호를 받는 저작물이므로
무단전재와 복제를 금합니다.

나, 치코 멘데스
숲을 위해 싸우다

치코 멘데스·토니 그로스 지음
이중근·이푸른 옮김

틈새의시간

"계급투쟁 없는 환경운동은
정원 가꾸기에 불과하다!"

치코 멘데스의 동료이자 인류학자인 마리 알레그레티가
아마존을 위해 투쟁했던 치코의 초기 나날들을 회고한 영상이다.

추천사

자연 사랑과 인간 사랑을 실천하다

세상을 떠난 후 시간이 지날수록 시대적 의미가 더욱 부각되는 사람이 있다. 치코 멘데스가 바로 그런 사람이었다.

누군가의 이름을 새의 학명으로 붙이는 경우는 잘 없다(2013년에 치코의 티라노레(Zimmerius chicomendesi)라는 새의 한 종은 그의 이름을 따서 명명되었다). 치코 멘데스가 바로 그런 사람이었다.

노동운동을 지도하면서 직접 고무 수액을 채취하던 노동자였고, 동시에 생태주의자였던 사람은 흔치 않다. 치코 멘데스가 바로 그런 사람이었다.

지구혹성의 생명유지 장치에 심각한 문제가 생긴 위기의 순간, 우리는 치코 멘데스처럼 자연 사랑과 인간 사랑을 함께 실천하면서 연대하는 사람이 되어야 한다. 이 책은 그렇게 할 수 있는 첫걸음을 나지막하지만 확신에 찬 목소리로 안내해준다. 줄 치면서 몇 번을 읽고 주변에 널리 알려야 할 책이다.

_조효제

(성공회대 교수, 『탄소사회의 종말』 『침묵의 범죄 에코사이드』 저자)

숲의 사람 치코 멘데스

치코 멘데스는 '아마존의 간디'로 알려진 브라질의 환경운동가이다. 1988년 성탄절 이틀 전 벌목업자의 총에 맞아 44세에 죽었다. 가족들이 보는 앞이라 그의 죽음은 더 처참했다. 당시 나는 공해추방운동연합을 만드느라 분주한 때였고, 국내에서는 이런 뉴스가 알려지지도 못할 때였다. 그때만 해도 환경운동가들은 요주의 대상이었고, 나 역시 온산병을 고발한 당사자라 여러 차례 가택 연금과 수사기관의 감시를 받고 있었다. 그때로부터 25년이 지난 후 나는 미국의 시에라 클럽이 주는 '치코 멘데스' 상을 받았다. 한반도 대운하 사업이 4대강 살리기로 둔갑하면서 환경운동가들의 목소리를 잠재우기 위해 무고하게 옥중에 갇혔을 때 내가 제인 구달에 이어 8번째 수상자가 되었다는 소식을 들었다. 큰 위로도 되었지만, 한편으론 21세기 대한민국에서 이런 상을 받아야 하는 현실이 참담했다. 지금도 나이지리아, 미얀마, 몽골, 베트남 등에서 많은 환경운동가가 생명을 잃거나 옥고를 치르고 있다. 치코 멘데스

사후 35년 만에 그의 생애를 우리나라 독자들에게 알릴 수 있어 기쁘다. 생각 깊은 독자들이 늘어나서 '숲과 깊이 교감하고, 이해하고, 배워서 숲을 보호하자'는 치코 멘데스의 뜻을 이어갔으면 좋겠다.

_최열
(환경재단 이사장, 국내 최초 치코 멘데스상 수상자)

아마존은 인류의 미래다

올해로 치코 멘데스가 우리를 떠난 지 35년이 되었다. 치코라는 이름과 그의 대의명분, 그리고 그가 남긴 말들이 요즘처럼 절실했던 적이 없다. 지난 몇 년 동안, 아마존 열대우림에서 행해진 삼림 벌채는 사상 최고치를 기록했다. 그 과정에서 암살범의 총에 쓰러진 치코 멘데스처럼 많은 환경운동가가 쓰러졌고, 이들의 비극적인 죽음은 브라질의 위상을 땅에 떨어뜨렸다. 브라질은 숲을 지키려는 사람들을 무자비하게 탄압하는 잔인한 국가로 전락했다.

여러분은 영양실조에 허덕이는 브라질 원주민들을 찍은 영상을 보았는가? 물론 이것들은 지난 수십 년간 언론에 공개되지 않은 사진들이다. 이 영상은 모든 브라질인과 인류의 미래를 걱정하는 전 지구인에게 브라질이 얼마만큼 역사를 거꾸로 돌렸는지, 우리가 얼마큼 치코 멘데스 같은 이들을 필요로 하는지 상기시켜준다.

치코는 시대를 앞서간 사람이었다. 오늘날, 우리 지도자들이 새겨들어야 할 교훈을 가르쳐주었다. 치코가 입을 열면 모든 사람이 그의 말에 귀를 기울였다. 치코가 대중 앞에서 외치면 사람들은 다른 시선으로 세상을 돌아보게 되었다. "그들은 듣지 않는다". 브라질의 유명한 노래 가사처럼 우리는 귀를 닫은 채로, 눈을 감은 채로 살아가고 있는지도 모른다. 그래서 치코는 크게 소리쳐야 했다. 그의 목소리가 브라질 국경을 넘어 전 세계로 울려퍼질 수 있도록.

브라질의 아크리주 먼 구석에 위치한 샤푸리는 서울에서 무려 16,600킬로미터나 떨어져 있는 곳이다. 『나, 치코 멘데스-숲을 위해 싸우다』는 치코 멘데스의 메시지를 전 세계로 퍼뜨리는 데 크게 기여할 것이다.

우리의 고정관념이 된 나무와 동물, 미디어에 이따금 소개되는 아마존의 모습은 그것이 전부가 아니다. 아마존 숲은 엄연히 수백만 명의 사람들이 살아가는 삶의 터전이다. 이 사실만으로도 숲은 더없이 소중한 가치를 지닌다. 그것이 어디에서 오는 것이든 이 사람들에게 지금 절실히 도움과 협력이 필요한 만큼 그들의 삶의 터전인 아마존 숲의 보존을 위한 도움과 협력이 절실히 필요하다.

아마존에는 여전히 치코와 같은 영웅들이 많이 있다. 그들은 숲을 지키기 위해 목숨까지 기꺼이 바칠 사람들이다. 이들은 아마존 숲에서 일어나는 무분별한 탐사와 근시안적으로 경제적 이익을 노리는 데서 오는 수많은 위험에 맞서고 있다. 그러나 그 어떤 부와 경제적 이익도 아마존 숲 자체가 지닌 가치를 뛰어넘지는 못할 것이다. 아마존 숲은 1백만 년이란 시간 동안 이 세계에서 가장 희귀하고 다양한 생물들의 보고가 되어 우리를 지켜주고 있기 때문이다. 아마존은 인류의 미래다. 이 숲에는 인류의 질병을 퇴치하는 데 도움이 될 다양한 치료제가 있다. 그 외에도 인류가 필요로 하는 많은 필수품이 그곳에 있다. 치코 멘데스는 이 사실을 잘 알고 있었다. 그래서 이를 깨우쳐주기 위해 목숨을 걸고 싸우다 죽었다.

치코는 뼛속까지 숲을 사랑하는 사람이었고 평화를 사랑하는 사람이었다. 그는 숲에서 살면서 읽고 쓰는 법을 배웠고 그것으로 우리를 가르쳤다. "한 사람의 투쟁이 바로 모두의 투쟁이다"라는 사실을. 그는 숲을 파괴하려는 자들과의 치열한 항거 중에 암살되었다. 일부 소인배들의 끔찍한 탐욕이 그의 위대한 이상과 여정을 중단시킨 것이다. 악행을 저지른 인간들은 우리의 머릿속에서 곧 사라질 것이다. 그러나 위대한 치코는 영원히 우리의 기억 속에 남아 있을 것이다. 그는 우리의 가슴 저 깊은 곳에서 영원히 우리와 함께할 것이다. 아마존 숲의 모든 생명체가 평화롭고 자유롭게 살 수 있는 미래가 올 때까지.

_카를로스 고리토

(방송인, 주한 브라질 대사관 교육 담당관)

우리는 치코 멘데스의 후예다

"계급 투쟁 없는 환경운동은 정원 가꾸기에 불과하다"
 국내에서 기후정의운동이 성장하면서, 언젠가부터 자주 접하게 된 문장이다. 기후생태위기를 인류의 지구 행성 착취 결과로 설명하면서 주류 기후환경운동의 안일함을 비판하려는 이들에게 참으로 호소력 있다. 기후생태위기는 인류 전체가 직면한 공동의 문제이지만, 그 책임이 모두에게 동일하지는 않다. 개발도상국의 대다수 사람들과 선진국의 가난한 사람들이 여전히 빈곤 속에서 생존을 위해 힘겹게 싸우는데, 그들에게까지 기후생태위기의 책임을 물을 수는 없다. 나아가 거대 기업들의 이윤 추구와 지구적 부유층의 사치적 소비를 위해서 자행되는 수많은 환경 오염과 생태계 파괴는 바로 개발도상국과 선진국의 가난한 이들이 감당해야 할 위험으로 나타난다. 기후생태위기는 부유하고 권력을 가진 일부 사람들이 지구 행성을 파괴하고 가난하고 힘없는 이들을 착취한 결과라 설명해야 한다. 인류 대 지구가 아니라 자본 대 지구의 구도로 이 위기를 파악해야 한다. 기후정의운동이 주장하는 바도 바로 이것이다.

앞의 문장은 이 책의 주인공인 치코 멘데스의 말로 알려져 있다. 브라질 아마존강의 깊숙한 곳에서 고무를 채취하며 살던 노동자인 치코 멘데스는 자신과 이웃들의 빈곤과 착취에 맞서 싸우다가 그 투쟁이 바로 아마존 숲을 지키는 싸움이란 점을 깨달았다. 2차 대전 군수 물자였던 고무 채취를 위해 이주당하고 거의 노예처럼 일해야 했던 이들이지만, 생존과 생명의 기반이었던 아마존 숲 자체를 밀어내려는 목장주들에 맞설 수밖에 없었다. 그 뒤에 서 있는 초국적 금융기구와 정치인들과의 불화도 불가피했다. 치코 멘데스는 고무 채취 노동자들을 노동조합으로 조직하고 과거 갈등을 빚었던 선주민들과 화해하고 연대하였다. 아마존 숲을 채굴 보존 지역으로 지정하고, 착취받지 않고 지속 가능한 방식으로 숲의 선물을 노동자와 선주민들이 함께 나누길 바랐다. 그러나 목장주와 그 비호 세력들은 이익 추구를 가로막고 권력에 도전하는 치코 멘데스를 용납할 수 없었다. 가족과 저녁 식사를 기다리던 그를 집 마당에서 암살하였다. 아마존 숲을 지키려는 노동·환경 운동가들을 살해하는 일은 그렇게 시작되었고, 아직까지도 지속되고 있다. 환경 운동에서 계급 투쟁을 떼어낼 수 없는 이유, 치코 멘데스의 삶, 투쟁 그리고 죽음이 분명히 보여준다.

1992년 브라질 리우 환경회의 이전, 30년도 더 흐른 과거에 세상을 떠난 치코 멘데스의 삶을 왜 알아야 할까. 기후위기 시대, 지구를 지키며 존엄한 삶을 살려는 모든 이들은 치코 멘데스의 후예일 수밖에 없다. 제국적 생활 양식을 쉽게 벗어던지지 못하는 북미와 유럽의 백인 환경운동가들의 매끈한 말들보다 아마존의 가난한 노동자들의 투박한 삶과 죽음이 기후정의를 더 가깝게 만든다. 함께 치코 멘데스를 읽자.

_한재각
(기후정의동맹 집행위원, 정의로운 전환을 위한
'에너지기후정책연구소' 연구기획위원, 사회학 박사)

차례

마리 알레그레티 영상 · 5

추천사 · 7

자연 사랑과 인간 사랑을 실천하다_조효제
숲의 사람 치코 멘데스_최열
아마존은 인류의 미래다_카를로스 고리토
우리는 치코 멘데스의 후예다_한재각

치코 멘데스의 짧고 강렬한 생애 · 21

인제 그만! · 24

프롤로그 · 28

피해자를 탓하다니 / 동맹을 구축하고 연대하라

깊이 읽기1_고무의 역사 · 43

깊이 읽기2_고무 채취 노동자의 삶 · 46

1장 노동자에서 혁명가로 · 53

숲의 정치학 / 1964년 반란이 일어나다 / 현실을 직시하고 행동하라 / 샤푸리 시의회 의원이 되다 / 상처 입은 사자

깊이 읽기3_ 1964년의 군사 쿠데타 · 72

깊이 읽기4_ 전국농업노동자연맹과 브라질 노동조합 · 75

깊이 읽기5_ 노동당의 부상(浮上) · 77

2장 투쟁하는 방법을 배우다 · 81

폭력의 소용돌이 안에서 / 변화하려면 교육해야 한다 / 대안을 찾아서

깊이 읽기6_ 고무 채취 노동자 프로젝트 · 93

깊이 읽기7_ 카쇼에이라 승리의 두 얼굴 · 94

깊이 읽기8_ 브라질리아 회합 · 95

깊이 읽기9_ 숲이라는 세계 · 96

3장 단단한 관계망을 형성하라 · 101

인디언 토착민들 / 저항이 들불처럼 번지다 / 지원군을 찾아서 / 정당주의를 경계하라 / 교회는 저항운동의 또 다른 세력이다 / 도시와 학생들

깊이 읽기10_ 숲에서 나는 열매들 · 115

깊이 읽기11_ 상업적인 가능성을 지닌 열대우림 · 117

깊이 읽기12_ 아크리 지역의 토착민 · 119

깊이 읽기13_ 파멸로 가는 길 · 121

깊이 읽기14_ 브라질의 교회 · 123

4장 지주들의 반격 · 127

정부는 왜 한쪽 편만 들었을까 / 국가 발전의 걸림돌 / 법은 부자를 위해 존재한다

깊이 읽기15_ 토지와 권력, 그리고 농촌민주연합 · 138

깊이 읽기16_ 에콰도르에서 거둔 승리 · 141

깊이 읽기17_ 혼도니아로 가는 길 · 142

5장 함께 일하고 함께 싸우라 · 145

폭력의 딜레마 / 고무 채취 노동자 협동조합 / 노동자의 건강은 무엇보다 중요하다 / 예견된 죽음

깊이 읽기18_농산물 협동조합 · 159

6장 오래된 미래, 그 너머로 · 163

우리는 고된 길을 선택했다

에필로그 · 170

고용된 암살자들 / 카쇼에이라에서의 마지막 결전 / 살인 면허라도 받은 것처럼 / 악당 달리, 그럼에도 불구하고, 석방되다 / 첫 번째 채굴 보존 지역 / 화급한 질문들 / 녹색 비누

옮긴이의 말 · 205

부록 · 209

주석 / 용어 해설 / 브라질 톺아보기 / 아크리 연대기 / 브라질 연대기 / 참고하면 좋은 자료들

일러두기

- 치코 멘데스는 포르투갈어로 '시쿠 멘지스'라고 발음하지만, 본 번역서에서는 널리 알려진 대로 영어식으로 명기했다. 그러나 본문에 등장하는 인명, 지명 및 정당, 단체의 표기는 가급적 포르투갈어 발음에 준하여 표기했다.
- 본 번역서의 각주는 독자의 이해를 돕기 위해 옮긴이가 붙인 주석이다.
- 원문의 주석은 원서와 같이 책 뒷부분에 '주석'으로 정리했다.
- 원서에는 각종 단체, 기관, 정당의 명칭 등이 약칭으로 반복하여 사용되었는데, 본 번역서에서는 이를 모두 우리말로 번역하여 표기했다. 책 끝부분에 정리한 '용어 해설'에서 원어를 확인할 수 있다.
- 이 책의 부록에 해당하는 '브라질 톺아보기' '아크리 연대기' '브라질 연대기'에 실린 모든 자료는 원서의 두 번째 에디션이 출판된 1992년 기준임을 밝힌다.

치코 멘데스의 짧고 강렬한 생애

프란시스코 '치코' 알베스 멘데스 필호(Francisco 'Chico' Alves Mendes Filho, 1944-1988)는 1944년 12월 15일 브라질 북서부 아크리(Acre)주의 샤푸리(Xapuri)에 있는 고무 농장에서 태어났다. 치코는 일자마르 G. 베제라 멘데스(Ilzamar G. Bezerra Mendes)와 결혼하여 딸 헬레니라와 아들 산디노를 낳았다. 치코가 암살되었을 당시 그의 딸은 네 살, 아들은 두 살이었다.

치코 멘데스는 샤푸리 농촌노동자 노동조합(Xapuri Rural Workers Union) 회장이자 전국 고무 채취 노동자협의회(Conselho Nacional dos Seringueiros, CNS) 위원이었으며, 브라질 노동자 중앙회(Central Unica dos Trabalhadores, CUT) 의원이자 노동당(Partido dos Trabalhadores, PT)의 당원이었다. 그는 마흔네 해의 짧은 생을 아마존 생태계를 보호하는 데 바쳤다.

1985년, 치코는 아마존 개발 프로젝트 진행 문제를 두고 세계은행과 미주개발은행(Inter-American Development Bank, IDB)의 자문을 맡았다. 이후 1987년, 치코는 유엔환경계획(United Nations Environment Programme, UNEP)으로부터 '글로벌 500'(Global 500 Roll of Honor)* 상을 받았고, 뉴욕에서는 '더 나은 세계를 위한 협회' 로부터 상을 받았으며, 1988년에는 리우데자네이루(Rio de Janeiro) 명예 시민권을 받았다.

1988년 12월 22일 목요일 오후 6시 45분, 노동조합 대표이자 고무 채취 노동자인 동시에 환경운동가였던 치코 멘데스는 자신의 집 현관에서 암살당했다.

치코 멘데스와 자녀들

---

* '글로벌 500'상은 유엔환경계획이 전 세계에서 환경을 보호하는 데 성과를 올린 개인과 조직을 기념하기 위해 1987년에 제정했다. 2001년, 유엔환경계획의 전무이사인 클라우스 토퍼는 "유엔환경계획의 글로벌 500상의 수상자는 전 세계적으로 번성하고 있는 환경운동의 일원입니다. 그들은 우리 대부분이 시간적 여유가 부족하다는 이유로, 혹은 관심이 부족하여 선택하기를 주저하는 길을 택했습니다. 유엔환경계획은 글로벌 500상 수상자를 기리며, 모든 사람이 그들의 비범한 행동에 영감을 받아 환경운동에 나서주기를 바랍니다."라는 말을 남겼다.

치코 멘데스와 아내 일자마르

인제 그만!*

그만! 제발 그만두자!

새해를 맞이할 때마다 목구멍으로 끓어 넘치는 외침이다. 이윤을 더 많이 취하기 위해 저지르는 살인, 죽음에 대한 위협, 이만하면 충분하지 않은가? 환경 개발 프로젝트의 폭력성과 생태학적 홀로코스트에서 비롯한 파괴와 불행을 지금 당장 멈춰야 한다. 이 모든 죽음과 파괴에 대해서 정부는 반드시 책임을 져야 한다. 그런데도 그들은 여전히 침묵하고 있다. 제발 그만두자. 우리 모두 함께 이 악행을 멈춰 세우자! 더는 불행해지지 않도록 대안을 세우자!

나는 『숲을 위해 싸우다 O Testamen to do Homem da Floresta』에 서문을 쓰면서 바로 이런 감정을 느꼈다.

치코 멘데스를 만났던 사람들은 그를 결코 잊지 못할 것이다. 치코의 말투는 언제나 온화했고 생기가 넘쳤다. 확신에 가득 차 자신

---

* 이 글은 치코 멘데스와 진행한 인터뷰가 담긴 원본 팸플릿 『O Testamen to do Homem da Floresta』 서문에서 발췌한 것이다.

의 아이디어를 관철했다. 그렇다. 치코는 강인하지만 명쾌하고 가식이 없는 사람이었다.

치코와 진행한 이 인터뷰는 고무 채취 노동자(고무나무에서 고무 수액을 추출하는 사람)들의 삶과 노동, 투쟁의 이야기가 핵심이다. 더 나아가 이 인터뷰는, 그가 누누이 강조했듯이, 아마존을 지키기 위해 싸운 사람들, 즉 숲 사람들의 이야기다. 또한 이 인터뷰는 자신의 삶과 공동체, 자신이 몸담고 살았던 곳을 누구보다 아끼고 사랑했던 사람들에 관한 이야기이기도 하다.

치코 멘데스는 자신이 아마존 삼림을 보호하고 채굴 보존 지역(Reserva Extrativista, RESEX)*을 확보하기 위해 싸우는 고무 채취 노동자들의 리더로서 역사적인 임무를 수행하고 있음을 자각하고 있었다. 그는 또한 고무 채취 노동자들이 전통적으로 살아온 방식을 수호하는 과정에서—저항운동이 그에게 가르쳐주었듯— 다른 사람들과 연대해야 한다는 것도 인지했다. 숲이 곧 자기 삶의 터전인 사람들, 브라질 주민들, 그리고 모든 인류에게 없어서는 안 될 생태계의 유산을 지키려면 '함께' 투쟁해야 함을 알고 있었다. 따라서 치코가 들려주는 이야기에는 샤푸리에 만연했던 파괴와 빈곤, 억압에 대항하기 위해 숲 사람들이 단체로 어떻게 행동했는지,

---

* 채굴 보존 지역은 벌채와 광산 추출을 금지하는 곳으로 지속 가능성을 위해 사용을 제한한 구역이다. 땅은 브라질 정부가 관리하지만 거주민은 사냥하거나 낚시를 하고 야생 식물을 수확하는 등 전통적인 방식으로 살아갈 수 있다. 넓은 의미에서 채굴 보존 지역은 국유지이므로 천연자원 채굴을 포함한 접근 및 사용 권한은 지역민이나 커뮤니티에만 있다. 지역민들의 삼림 벌목을 제한하여 보존 지역 내의 무분별한 벌목을 방지하고, 숲 너머에 조성된 목장이나 고무 산업을 유지하는 데 도움을 주는 완충 지대의 역할도 맡는다.

그리고 어떻게 구체적인 대안들을 구축했는지에 관한 내용이 함께 담겨 있다.

1988년 12월 22일, 치코는 아크리주 지주들이 고용한 총잡이들에 의해 암살당했다. 그러나 이 수치스러운 사건 덕에 치코가 살아생전 말과 행동으로 보여주었던 모든 것이 정치적 이념을 담은 경전처럼 인식되기 시작했다. 사실 치코 본인도 뜻밖의 죽음을 맞게 되리란 것을 어느 정도는 예상하였다. 고무 채취 노동자들의 리더이자 아마존 생태계의 수호자로서 명성을 얻어갈수록 죽음의 위협 역시 커진다는 것을 잘 알고 있었다. 그 역시 어떻게든 죽음을 피해가고자 노력했다. 하지만 치코는 물러서는 대신 우리 모두를 설득했고, 우리를 위해 목소리를 냈다.

삶의 터전을 잃고 비참해진 사람들, 파괴와 억압에 맞서 함께 싸워온 모두가 실은 암살자의 총에 다 같이 죽임을 당한 것이나 마찬가지다. 그러나 실제로 죽은 사람은 치코 멘데스다. 우리가 치코의 사상을 보존하고 그가 보여준 모범을 따르지 않는다면, 그의 죽음은 아무 의미가 없을 것이다.

치코는 스무 살 즈음에야 읽고 쓰는 법을 배운 고무 채취 노동자였다. 그는 글의 사람이 아니라, 말과 행동이 앞서는 사람이었다. 치코는 시위를 폭력적으로 진압하는 무장 세력에 맞서 평화적인 저항운동을 주도했다(바로 이런 점 때문에 사람들은 그를 '아마존의 간디'라고 불렀다). 그리고 무분별한 삼림 벌목을 저지하기 위한 대안으로 '채굴 보존 지역'을 만들자고 제안했다. 치코는 고무 농장에서 반노예 상태로 살아가는 노동자들의 고단한 삶을 개선하기 위해, 노동자들에게 자율적으로 일하고 연대할 수 있는 권리를 찾아주기 위해 투쟁했다. 치코는 진정한 노동자였다. 치코는 생태주의자였다. 치코는 평화주의자였다.

그는 우리에게 행동할 것을 당부하고 떠났다. 치코의 삶과 죽음을 통해 '치코 멘데스'라는 이름은 이제 더 나은 세상을 위해, 숲을 지키기 위해, 우리 모두를 위해 투쟁하는 사람들을 위한 믿음과 희망의 상징이 되었다.

1989년 1월
치코 멘데스를 인터뷰한
칸디도 그르지보프스키

프롤로그

1988년 12월 23일 금요일 아침, 나는 리우에 있는 집에서 아침을 먹으며 식탁에 혼자 앉아 있었다. 일간신문인 〈브라질 저널 Jornal do Brasil〉 1면에 실린 국내 기사 중에는 별로 중요한 것이 없어 보였다. 그래서 팬암항공(Pan Am Flight 103) 폭파 사건에 관한 1보를 읽기 위해 안쪽 지면으로 눈을 돌렸다. 그때 전화벨이 울렸다. 상파울루(São Paulo) 활동가 베투였다. 그는 평소보다 간결한 말투로 말했다.

"나쁜 소식이 있어요. 들으셨어요? 아크리에서 일어난 일이요."

맥박이 빨라졌다. 비극적인 상상이 머리를 스쳐 지나갔다.

"무슨 일인가요?"

"그들이 치코를… 치코 멘데스를 죽였어요. 어젯밤에."

올 것이 왔구나. 당연히 예상했어야 하는 일이었다. 충격과 동시에 분노와 체념이 몰려들었다. 그런데 나는 왜 치코가 죽었다는 이야기를 듣고도 격한 반응을 보이지 않았을까. 이런 생각이 들자 나는 불안해졌다. 그의 죽음은 정말 피할 수 없는 일이었을까? 아니, 어쩌면 나는 치코가 암살당할지도 모른다는 걸 이미 짐작하고 있었던 것 같다.

우리는 감상에 빠져 죽음을 논하는 대신 현실적인 문제들에 관해 의견을 나누었다. 리우와 상파울루에 사는 사람들이 치코의 장례식에 참석하려면 어떻게 해야 할지, 즉 브라질 남동쪽에서 북서쪽 아크리까지 어떤 경로로 올 수 있을지 그 방법들을 논의했다. 동료들과 이런저런 실무적인 이야기를 마치고 전화를 끊을 즈음엔 적잖이 마음이 차분해졌다.

나는 다시 신문 1면을 펼쳐 들었다. 그제야 '노동조합 지도자가 암살당했다'라는 헤드라인이 보였다. 눈에 박힐 만큼 인상적이고 강렬한 기사 제목은 아니었다. 치코는 자신과 같은 처지에 있었던 브라질 농촌노동자를 포함하여 그를 지지했던 교회 사역자들, 변호사들, 그리고 교육 노동자들로 구성된 긴 암살 대상 목록에 이름을 올린 90번째 사람에 불과했으니 말이다.

치코는 샤푸리 농촌노동자 노동조합 회장이었다. 샤푸리는 볼리비아 국경 근처, 아마존 서부 아크리주에 있는 작은 마을로 노동조합의 근거지였다. 그는 또한 아크리의 고무 채취 노동자 30,000명으로부터 인정받은 지도자이기도 했다. 치코는 마흔네 살에 결혼하여 당시 네 살짜리 딸과 두 살짜리 아들을 슬하에 두고 있었다. 치코의 부모 역시 고무 채취 노동자였는데, 그들은 기후가 건조한 북동부 출신이었다. 치코의 부모는 제2차 세계대전이 한창

이던 무렵 연합군에 전쟁 물자를 보급하는 데 동원되어 강제로 고무를 채취했다.*

치코는 숲에서 태어나 자랐다. 그리고 고무나무에서 고무를 채취하는 사람, 즉 세링게이루(seringueiro)가 되었다. 전통적으로 고무 채취 노동자는 고무 농장의 희생자였다. 그들은 농장 운영으로 발생하는 빚을 갚기 위해 노예처럼 일해야 했는데, 1960년대와 1970년대 샤푸리에서는 이미 그러한 구식 시스템이 붕괴할 조짐을 보이고 있었다. 브라질 남부의 목장주들이 고무 농장 부지를 사들여 삼림을 밀어내고 목초지로 개간하기 시작한 탓이다. 노동자들은 하나둘 농장을 떠났다. 때로 폭력적으로 쫓겨나기도 했는데, 그들 중 일부는 불상사를 피해 더 깊은 숲속으로 달아났다. 하지만 그곳에서의 삶도 만만치 않았다. 지역 상인들에게 착취당하면서 끊임없이 고무를 채취해야만 했다.

1970년대 초, 샤푸리에 농촌노동자 노동조합이 설립되었다. 이때 치코가 회장으로 선출되었다. 치코는 온화하고 욕심이 없는 사람이었고 타고난 지도자였다. 토지를 둘러싼 갈등이 심화하자 샤

---

* 미국은 1941년 일본의 말레이시아 침공으로 고무 공급이 중단되자 수입 원천을 브라질로 변경했다. 이를 위해 아마존 동북부에 살던 농민들이 고무 농장으로 대거 유입되었는데, 이들은 열악한 조건에서 노예처럼 일하면서 아무런 보상도 받지 못했다. 신문기사에 따르면 "아르린도 치나글리아 부의장은 아마존 고무 농장의 작업환경이 열악해 동원된 5만5천여 명 가운데 2만 명 가까이가 사망"했다고 한다. 현재 80세 이상인 6천여 명의 생존자들은 매월 소액의 연금을 받았지만 개정된 보상법에 따라 2023년부터 1만1천300달러(약 1천160만 원) 정도의 보상금을 일시금으로 받게 된다. 사망자들의 후손 7천여 명도 같은 금액의 보상을 받는다. 미국이 자본을 댔던 고무 채취 노동자들은 말라리아 등 풍토병과 영양실조, 폭력에 시달린 것으로 알려져 있다.(연합뉴스 기사 참조)

푸리 노동조합원들은 때로 '(온건한, 평화적인)교착 상태'라는 말로 번역되는 '엠파치'(empate, 저지하다)* 기술을 고안했다. 건기(乾期) 동안 목장주는 숲을 개간하는 데 투입할 일꾼을 고용한다. 그러다가 9월이 되면—대개 비가 오기 직전이다— 개간한 지역에 불을 지른다. 이에 퇴거 명령을 받고 삶의 터전을 잃게 된 고무 채취 노동자들은 개간이 예정된 부지의 변두리에 모여들었다. 그러고는 개간을 막기 위해 일꾼들을 설득하기 시작했다. 제발 전기톱을 내려놓고 모두 집으로 돌아가 달라고 말이다. 이것이 고무 채취 노동자들이 주도한 최초의 파업이었다. 지난 10년 동안 6월부터 7월, 8월에 이르는 동안 아크리계곡 상류에 있는 숲에서는 이런 엠파치 행동이 수도 없이 벌어졌다.

그 기간에 사람들은 이러한 운동이 사회정의를 수호하기 위한 투쟁일 뿐만 아니라 환경 파괴에 맞서는 투쟁이라는 사실을 깨닫게 되었다. 교육학자와 인류학자로 구성된 소규모 단체의 도움과 옥스팜(Oxfam) 및 크리스천 자선단체(Christian Aid)와 같은 기관에서 지원한 자금을 기반으로 샤푸리 노조는 협동조합과 학교, 보건소 같은 공공시설에 투자하기 시작했다. 이로써 초기에는 노동자들이 경제적 착취에서 벗어나 생활수준을 높일 수 있을 만큼 생

---

* 엠파치는 고무 채취 노동자들이 열대우림 보존을 위해 고안한 평화로운 시위 전술이다. 윌슨 피녜이루와 치코 멘데스가 창안했다고 한다. 우선 사람들이 모여 손을 맞잡아 사슬 형태를 만들어 황폐화 위기에 놓인 지역, 곧 벌목이 예정되거나 진행 중인 지역을 둘러싼다. 그러고는 산림 벌목을 담당한 일꾼들을 끈질기게 설득하여 그곳 책임자가 작업을 중단하겠다는 문서에 서명하도록 압력을 넣는다.

산량이 충분하다는 것이 증명되었다. 또한 정부의 지원이 없어도 지역사회가 자체적으로 학교와 보건소를 관리할 수 있다는 것도 입증되었다.

이와 같은 현실적 증거들을 기반으로 고무 채취 노동자들은 사회적으로 평등하고 환경적으로도 지속 가능한 개발 정책을 제안했다. 곧 노동자들의 삶과 삼림 모두를 파멸에 이르게 하는 개간사업이나 식민지화에 공적 자산을 투자할 게 아니라 자신들이 삶의 터전에서 보다 안전하고 개선된 생활을 할 수 있게 보장해주는 그런 정책들이었다.

이를 위해 치코는 세계은행 및 미주개발은행과 주 정부, 연방정부와 협상을 이끌어내는 데 주도적인 역할을 맡았다. 또한 브라질 노동자 중앙회의 일원으로서 고무 채취 노동자들의 입장과 견해를 제시했다. 치코는 그사이 유럽과 북미를 여행했고, 국제적인 상을 두 개나 받았다. 그러나 아크리의 고무 채취 노동자들이 처한 상황은 악화했고, 치코 같은 노동조합의 지도자들은 날이 갈수록 위험한 상황에 놓이게 되었다.

이 책에 실린 '치코 멘데스 인터뷰'는 라틴아메리카 사무국이 브라질에서 일어난 사회운동을 연구하고자 수행했던 프로젝트 가운데 하나다. 이 작업을 맡은 칸디도 그르지보프스키(Cândido Grzybowski)는 사회학자로서 브라질 사회 개혁에 주도적인 역할을 맡은 인물들과 심층 인터뷰를 진행했다. 치코는 1988년 11월 말과

12월 초에 걸쳐 히우브랑쿠(Rio Branco)*에서 2시간 30분에 걸쳐 농촌노동자 운동에 참여한 배경과 고무 채취 노동자들로 이루어진 조합의 성장 및 미래 전망에 관하여 이야기했다. 그러고 나서 며칠 후, 치코는 사망했다.

치코의 사망 소식이 알려지자 대중과 언론의 관심이 '폭발'했다. 나는 치코 역시—그가 살아서 이 광경을 보았더라면— 이런 반응에 당혹감을 느끼는 동시에 희망을 품었을 거라고 확신한다. 하지만 죽음 이후 이어진 여러 논쟁이 브라질 북부 지역을 중심으로 진행된 점에 대해서는 그리 달가워하지 않았을 것이다.

이 논쟁에 포함된 주장을 하나 들어보자. 우선 많은 사람이 브라질 남부 정권에는 문제가 불거진 북부의 취약한 환경을 보호할 능력도 의지도 없다고 생각했다. 그래서 문제 지역에 대한 외부의 철저한 정밀조사와 관리가 이루어져야 한다고 주장했다. 악화일로에 있는 환경문제가 브라질뿐 아니라 전 인류에게 악영향을 끼칠 기후변화를 초래할 게 틀림없다고 확신했기 때문이다. 그리고 일부 의식 있는 사람들은 환경친화적으로 보이는 몇몇 움직임 뒤에 모종의 정치적인 이슈가 도사리고 있다는 것도 알고 있었다.

열대우림 개간의 심각성을 이해하려면 브라질과 관련된 여러 국가의 상황과 브라질 내 사회 및 경제 상황을 동시에 살펴야 한다.

---

* 브라질 서부에 있는 도시다.

열대우림이 지금처럼 계속 벌목되는 것은 인류 역사상 전례 없는 실패다. 과학적으로나 미학적으로, 그리고 무엇보다도 도덕적으로 큰 실패라는 것을 의미한다. 무분별한 열대우림 개간은 지구 온난화를 삼배속(三倍速)으로 돌릴 것이다. 특히 다음과 같은 세 가지 영향에서 벗어날 수 없다; 첫째, 나무를 모두 베어버리면 더는 이산화탄소가 흡수되지 않는다. 둘째, 숲을 태우면 더 많은 이산화탄소가 발생한다. 셋째, 아마존 유역에서 일어났던 일처럼 삼림을 벌목하여 소 목장을 만들면 또 다른 온실가스인 메탄을 대기 중으로 대량 방출하게 된다.

이산화탄소는 지구 온난화의 주범이라 보아도 무방한데(절반 정도의 책임이 이산화탄소에 있다) 그중 5퍼센트만이 남반구의 개발도상국(중국 제외)에서 발생한다. 약 75퍼센트는 흔히 말하는 북반구의 선진국인 북미와 동유럽, 서유럽 국가에서 방출된다. 서유럽에서만 전체의 15퍼센트가 배출되는데, 이는 모든 개발도상국의 배출량을 합친 수치의 세 배에 달한다. 그렇다. 북반구 선진국이 남반구 개발도상국에 미치는 영향력은 실로 엄청나다. 이들은 과연 상품과 서비스, 특히 교통 문제나 에너지 공급 문제를 해결하는 데 있어 온실가스 배출을 적극적으로 줄일 수 있을까? 비용은 어떻게 부담할 것인가? 문제를 해결하려는 정치적 의지는 있는 것일까? 남반구의 환경문제에 대해 북반구의 선진국들이 실제로 책임을 통감하고 상황이 좋아지도록 노력할까? 전망은 비관적이다. 그런 징후를 볼 수 있을 때까지 선진국은 물론 남반구 개발도상국의 기득권층 또한 이기적이고 위선적인 행동을 멈추지 않을 테니 말이다.

피해자를 탓하다니

서부 아마존에 거주하는 고무 채취 노동자들의 사례에 나타나는 또 다른 측면은 남반구와 북반구의 관계에서 비롯되는 것이다. 이 문제를 좀 더 살펴보자. 브라질은 세계에서 가장 많은 빚을 지고 있는 나라다. 북반구 은행과 정부에 미화 약 1,200억 달러 이상을 빚지고 있다. 수출에서 얻은 수입의 28퍼센트를 빚을 갚는 데 쓴다. 국제 금융 시스템에서는 이 문제를 국제통화기금(International Monetary Fund, IMF)을 통해 '조정'하기를 권했다. 수입을 줄이고 수출을 극대화하여 부채를 상환할 수 있을 만큼 여유 자금을 창출하라고 말이다. 하지만 재정적 지원을 새로 받지 못한 상태에서 수입을 줄여야 하는 브라질 같은 국가는 지속 가능한 성장에 필요한 자원에 투자할 형편이 안 된다. 가능한 한 빨리 그리고 되도록 수출량을 늘릴 것을 강요당하는 그런 나라들은 사회적·환경적 비용이 수반되는 농산물 수출 증대에 의존할 수밖에 없다. 예를 들어 아마존 지역에서는 광물, 육류, 커피, 코코아, 활엽수, 식물성 기름, 열대 과일 같은 생산물을 세계 시장으로 내보내서 부채상환에 필요한 외환을 조달한다. 영국은 이런 제품들을 수입하는 주요 국가 중 하나다.

　1983년에서 1987년 사이에 라틴아메리카와 카리브해 국가들은 그들이 실제로 받은 금융지원금액보다 900억 달러를 더 상환했다. 유엔 사무총장은 이런 상황을 '개발도상국의 자원을 악용한 사례'라고 꼬집었다. 라틴아메리카 국가는 유럽 은행과 스위스 은행에 920억 달러를 빚지고 있었는데 이 액수는 미국 은행에서 빌린 820억 달러보다 많은 액수다. 이 시기 유럽 은행은 라틴아메리카와 카리브해 채무국으로부터 미화로 거의 300억 달러에 달하는 돈을 받았는데, 영국 은행이 그중 3분의 1을 받았다.

　사실 북반구 국가들은 라틴아메리카 생산품의 최대 소비자이자 은행 고객이다. 이들 강대국은 라틴아메리카의 채무국에 천연자원을 싸게 팔도록 강요하여 이익을 얻어왔다. 선진국이 브라질과 같은 국가들의 환경문제에 대하여 윤리적으로 정당하다고 방어하려면 남반구와 북반구 간에 평등한 조건으로 무역이 이루어지고, 더 나아가 평등한 금융 관계를 유지할 수 있다는 것을 현실적인 공약으로 보여주어야 한다.

　그렇지만 이런 논의는 북반구 선진국에만 책임을 전가하겠다는 뜻이 아니다. 고무 채취 노동자를 위해 벌였던 운동이 아무 의미가 없다는 뜻도 아니고, 치코가 암살을 당함으로써 뼈아픈 상실감을 느껴야 했던 다른 환경운동가들과 일반인의 희망마저 무너트리겠다는 의도도 아니다. 다만 남반구와 북반구의 커뮤니티들이 서로 지원하고 연대하는 것은 노동자들을 지배하고 통제하려 드는 다양한 세력에 저항하기 위해서이며, 이것이야말로 민주주의의 핵심이자 지속 가능한 발전의 전제 조건임을 강조할 따름이다. 열대우림 존속의 문제에 관한 한 특히 북반구 선진국의 생산과 소비 양식을 바꾸고 평등한 남북 관계로 나아가려는 노력이 분명히 수반되어야 한다. 하지만 이것이 필요충분조건은 아니었다.

치코는 이 사실을 잘 알고 있었다. 그는 상호 이해와 형평성에 기초하여 국제 동맹을 구축하려고 노력했다. 자신이 참여하고 있는 투쟁과 영국의 슈퍼마켓 진열대에 놓인 통조림 고기 사이의 연관성을 밝히기 위해, 혹은 노동자들의 투쟁과 유럽 욕실을 장식하는 데 쓰는 단단한 나무 자재 사이의 연관성을 유럽 및 미국 대중에게 알리기 위해 애썼다. 하지만 치코는 자신의 투쟁이 아직은 브라질 안에서만 이루어지고 있다는 것을 충분히 알고 있었다.

브라질처럼 부채가 많은 국가는 채무 위기에서 벗어나거나 평등한 무역 관계를 성립하는 데 필요한 여러 해결책을 실행에 옮기려고 하지만, 이 과정에서 환경문제 같은 사회 개선 요소는 별로 고려되지 않는다. 여기엔 상당한 정치적 변화가 수반되어야 하는데도 브라질 정부는 아마존 지역에 대한 환경 보호 계획 같은 것을 전혀 구상하지 않았다. 오히려 그들은 지역 엘리트로부터 환심을 사고, 외화를 창출하며, 이웃들의 행동을 막거나 위협하기 위해 국경을 강화했다. 농지 개혁보다는 다른 지역에서 온 땅이 없는 외지인들에게 탈출구를 마련해주는 데 초점을 두었다.

동맹을 구축하고 연대하라

서부 아마존의 고무 채취 노동자가 토착민, 농촌노동자, 이웃 단체, 산업 노동자, 그리고 또 다른 사람들과 나란히 자유롭게 서 있는 모습, 이것이 바로 이윤을 박탈당하고 권리를 억압받고 있는 브라질 사람들이 원했던 새로운 민주주의와 사회정의다. 그들은 자신의 삶에 영향을 미치는 결정을 내릴 때 직접 참여할 수 있는 권리, 이제까지 자신들을 지배해온 권위주의적 정치 문화를 거부할 권리, 그리고 인민의 기본 요구 사항을 해결하는 데 중점을 둔 개발 정책을 우선적으로 해결해달라고 요구했다.

치코는 사실상 조합을 만든 사람이었고 그곳의 리더였다. 그런데도 그는 자신이 수많은 조합원 중 한 사람에 불과하다고 생각했다. 이렇게 겸손하게 생각하고 처신한 사람은 그가 처음이었다. 나아가 그는 자신의 삶을 위협하는 요소들을 잘 알고 있었다. 하지만 치코는 순교자가 되고 싶어 하지 않았다. 그는 투쟁의 목적을 '어떻게든 삶의 질을 높이는 것'에 두었기 때문이다.

1989년 1월, 워싱턴에서는 치코 멘데스의 죽음을 애도하는 추모식이 열렸는데, 그때 생전의 치코가 쓴 편지 중 하나가 낭독되었다:

나의 꿈은 아마존 전체가 보전되어 울창한 숲을 이룬 모습을 보는 것입니다. 이 모습이야말로 숲에 사는 모든 사람의 미래가 보장된다는 뜻이기 때문입니다. 몇 년 안에 아마존은 우리뿐만 아니라 국가와 인류, 더 나아가 지구 전체를 위해 경제적인 성공을 거둘 수 있는 지역이 되리라고 확신합니다. 나는 나의 장례식에 꽃이 놓이는 것을 원하지 않습니다. 그 꽃 역시 숲에서 가져온 것일 테니까요. 다만 나의 죽음이 암살범들의 면책을 종식하는 데 큰 역할을 하기를 바랍니다…. 어떤 이들은 부지불식간에 닥칠 나의 죽음을 일컬어 하늘이 내려준 메시지라고, 숲을 위한 우리의 투쟁에 더욱 강력한 힘을 보태줄 메시지라고 강조할지도 모릅니다. 어쩌면 나의 죽음엔 그만큼의 가치가 있을 수도 있습니다. 그러나 우리가 실제로 겪어온 바에 따르면 정반대이지 않습니까? 우리 숲의 사람들이 아마존을 지키려고 하는 것은 나 같은 사람의 장례식을 성대하게 치러주는 데 지원금을 받기 위해서가 아닙니다. 우리가 아마존을 구하려고 애쓰는 것은 시위 자체를 위해서도 아닙니다. 저 역시 다른 모든 사람과 마찬가지로 '그저 살고' 싶습니다.

나는 치코가 죽기 몇 주 전에 그를 마지막으로 보았다. 그 당시에 난 리오에 있었다. 때는 일요일 오후였고, 친구들과 함께 해변으로 차를 몰고 가는 중이었다. 우리 일행은 식물원을 지나가고 있었는데, 그때 마침 행진하던 무리 가운데 선두에 있는 치코를 보았다. 그 순간 차를 얼른 세우고 그와 인사를 나눠야겠다고 생각했다. 그해 초에 치코를 잠깐 만난 뒤로 본 적이 없었기 때문이다. 하지만 나는 곧 생각을 바꾸었다. 우리가 멈춰 서면 치코는 기뻐하면서 대화를 나누자고 할 거고, 결국엔 우리를 설득해서 시위에 참여하게 할 게 틀림없었기 때문이다. 나는 그냥 가던 길을 갔다. 죄책감이 들긴 했다. 그러나 나 역시 아크리로 가는 길이었으니 그곳에서 곧 치코를 만나게 될 거로 생각하며 스스로를 위로했다. 나중에 우리는 텔레비전 뉴스에서 환경운동가들이 시내 중심가를 행진하는 모습을 보았다.

그러나 나는 치코를 아크리에서 두 번 다시 볼 수 없었다. 당시 나는 히우브랑쿠에 있었다. 치코는 샤푸리에 있거나 여행 중인 것 같았다. 다른 중요한 일정 때문에 시간이 촉박했던 나는 치코를 보지 못한 채 남쪽으로 돌아오고 말았다.

치코가 암살당한 이틀 뒤—마침 그날은 크리스마스였다— 나는 히우브랑쿠에 있는 친구에게 전화를 걸었다. 그녀는 그전 주 어느 날 아침, 늦게 직장에서 돌아오던 길에 운전 중인 치코를 보았다고 말했다. 치코가 그녀 자신에게 손을 흔들며 뭐라고 소리쳤지만 알아듣지 못했다는 것이다. 다음 날 사무실에 출근해서야 그녀는 치코가 소리친 내용이 무엇이었는지 알게 되었다. 치코가 사무실에 와서 자신과 이야기하기 위해 반나절을 기다렸다는 것, 하지만 다시 연락할 테니 걱정하지 말라고 했다는 것, 그가 다시 시내에 나오게 되면 그때 다시 한번 전화하겠다는 것, 그리고 마지막으로 크리스마스를 즐겁게 보내라고 했다는 내용이었다.

모든 갑작스러운 죽음은 끝나지 않은 일이나 마무리 짓지 못한 대화의 여운을 허공에 남기게 마련이다.

그녀가 치코를 보았을 때 치코는 분명 집으로 가기 위해 샤푸리로 가고 있었을 것이다. 당시 그가 직면했던 많은 위협과 신변을 조심하라는 동지들의 조언에도 불구하고 치코는 가족과 함께 크리스마스 시즌을 보내고 싶어 했으니까. 저녁 식사 시간, 치코는 소박하게 지은 목조 주택의 뒷문을 열고 마당으로 내려가려 했다. 밥을 먹기 전 몸을 씻을 참이었다. 그 순간 총알이 날아와 치코의 가슴에 박혔다. 치코는 비틀거리며 집 안으로 들어갔고, 가족이 지켜보는 가운데 동료의 품에 안겨 사망했다. 현관문 앞쪽에 있던 경호원들은 사라지고 없었다(그들은 주 정부에서 보내진 사람들이었다). 그리고 옆집 모퉁이를 지키고 있던 마을 경찰서 소속 경찰들은 아무런 처치도 하지 않았다.

브라질 샤푸리에 있는 치코의 자택. 그는 바로 이 집에서 암살당했다(1988).

치코는 죽음을 바라지 않았다. 원래 내가 진행한 치코와의 인터뷰는 고무 채취 노동자들이 벌인 운동과 그들의 요구사항을 외부에 드러내어 숲을 보존하는 일과 민주주의를 지키는 일 사이에 놓인 필연성과 연관성을 더욱더 강고하게 만드는 데 이바지했어야 한다. 치코의 죽음은 예언이 이루어진 것으로 간주되지 말았어야 한다. 치코는 자신이 영웅으로 캐스팅되어 사람들의 입에 회자되기를 원하지 않았다. 그는 다만 사람들이 변화의 필요성에 동의하고, 변화를 위해 나아갈 때 적극적으로 함께해주기를 원했을 뿐이다.

1989년 6월 옥스퍼드에서
토니 그로스

깊이 읽기1

고무의 역사

고무나무의 수액은 수 세기 동안 아마존 분지의 선주민 집단에서 방수용 가방과 신발의 재료로 쓰였다. 18세기에 이곳을 방문한 여행자들이 고무를 유럽으로 가져가서 수술 장비와 방수 의료를 제작하는 데 고무를 사용하면서 고무 무역이 번성하게 되었다.

아마존강 본 줄기를 따라 형성된 마을 기업가들은 선주민 공동체에서 생산하는 라텍스와 기타 임산물을 수집하기 위해 그 지역에 관한 연례 탐사를 시행했다. 그러고는 선주민들에게 그것들을 공급하도록 설득하거나 강요했다.

19세기 후반, 유럽과 북미에서 공기압 타이어 및 기타 제품이 사용되면서 고무에 대한 수요가 증가했고, 보다 영구적으로 고무를 수집하는 방식을 발전시켰다.

무역상들은 1870년대와 1880년대에 외부로부터 선주민이 아닌 노동자들을 데려왔는데, 특히 브라질 북동부로부터 가뭄을 피해 탈출하는 빈곤층 농민들을 데려왔다.

사업가들은 아마존강 상류의 지류인 마데이라(Madeira), 푸뤼스(Purus), 주타이(Jutaí), 주루아(Juruá), 그리고 이사(Içá)강을 차지하고 전통적인 고무 농장인 세링갈(the seringal)을 만들었다. 노동 환경은 매우 가혹했다. 지역에 살던 선주민들은 고무 채취 노동에 강제로 동원되었고, 노역에 지쳐 달아나기라도 하면 끝까지 추적당했다. 간신히 살아남은 사람들은 강의 메인 지류에서 멀리 떨어진 숲으로 도망쳤다.

이로써 그 일대에는 막대한 부가 창출되었다. 세기가 바뀔 무렵, 예를 들어 마나우스(Manaus) 같은 지역은 외딴곳에 있던 군사 전초 기지에서 수상 부두와 전기 전차, 가로등, 상하수도 시스템을 갖춘 남아메리카에서 가장 발전한 도시로 성장했다. 이곳에 가장 돈을 많이 투자한 나라는 영국이었다.

영국 은행과 영리를 목적으로 하는 회사들이 고무 수출과 사치품 수입의 대부분을 통제했다. 부스 라인(Alfred Booth and Company, Booth Line)은 1866년에 설립되어 1세기 이상 무역을 담당했던 영국의 무역 및 운송 회사)은 매주 리버풀에서 벨렘(Belém) 및 마나우스까지 직항 노선을 운행했다. 고무 무역으로 떼돈을 번 두 도시의 부호들은 고무 농장 소유주들(Seringalistas)에게 자금을 대는 중개인의 네트워크를 통제했다. 사슬의 맨 아래 칸은 부채를 안고 노예처럼 일하는 고무 채취 노동자(Seringueiros)들이 차지하고 있었다.

1876년, 영국인 여행자 헨리 위컴(Henry Wickham, 1846-1928)*이 고무나무 묘목을 브라질에서 영국의 왕립 식물원(Kew Gardens)으로 가져갔고, 20세기 초에 과학자들이 인공 번식의 문제점을 극복하여 실론(Ceylon, 인도 남방의 섬나라로 1972년 스리랑카 공화국으로 명칭이 바뀜)에서 실험을 거친 후, 영국의 식민지 정부는 말레이반도(Malaya, 그 당시 영국 식민지)에 광범위한 고무 농장을 만들도록 독려했다.

1910년 이후 이 같은 고무 농장들의 생산성이 급격히 증대하자 아마존의 고무 수출은 무너지고 만다. 이유는 말레이반도 농장에서 나오는 훨씬 더 저렴한 고무와 가격 경쟁이 되지 않았기 때문이다. 그러나 아마존의 고무 농장들은 내부 시장의 수요를 충족하기 위해 계속 생명력을 유지했다.

---

* 헨리 위컴은 브라질 고무나무 약 7만 종을 영국으로 밀반출했다. 왕립 식물 큐가든의 식물학자들은 이를 키워 동남아시아 곳곳으로 보냈다. 그는 브라질의 고유한 식물 종자를 훔친 '뻔뻔한 도둑'이었지만, 영국 정부는 고무 농장 사업을 확장하는 데 큰 공을 세웠다면서 그에게 작위를 수여했다.

연합군이 제2차 세계대전을 치르던 중 말레이반도에 대한 통제권을 잃었을 때, 미국 정부는 아마존 지역의 활성화를 위한다는 명목으로 자금을 지원했다. 그리고 아마존의 북동부에 살던 가난한 사람들로 이루어진 또 다른 '군대'를 고무 채취 목적으로 서부 아마존으로 차출했다. 미국은 이들을 일명 '고무 병사'(rubber soldiers)라고 불렀다. 이들 고무 병사들은 전쟁이 계속되는 동안 이 지역으로 이주해야 했다. 미국과 브라질 당국 사이에 협정이 맺어졌고, 고무 병사들은 전쟁이 끝나면 자동으로 귀향하고 다른 군인들처럼 군인 연금을 받게 될 거라는 거래 내용이 오갔지만, 이 약속은 지켜지지 않았다. 치코 멘데스의 아버지 역시 이 고무 병사들 가운데 하나였다.

1960년대와 1970년대에 고무 농장 소유주들은 그들의 땅을 버리거나 다른 지역에서 온 목장 소유주에게 팔았다. 샤푸리 일대가 이런 경우에 속했다. 1970년대와 1980년대에는 목초지를 얻기 위해 숲을 개간하는 목장 소유주와 고무 채취 노동자 사이에 갈등이 심화했다. 대다수 노동자가 농장 주인들의 억압에서 벗어나 자유를 찾았지만, 그들의 생계는 여전히 농장주의 손에 달려 있었다.

깊이 읽기2   고무 채취 노동자의 삶

전통적인 고무 농장은 노동자들에게 빚을 떠안게 하고 그 빚을 다 갚을 때까지 노예처럼 일하게 하는 이른바 '부채 속박 시스템' 안에서 운영된다. 세기 전환기에 고무 붐(Amazon Rubber Boom, 1879-1912)*이 일어나자 반건조한 북동부 지역에 살던 사람들이 가뭄을 피해 넘어왔는데 이들이 '고무 채취 노동자'다. 고무 채취 노동자들은 독신으로 살아야 했고, 자급자족에 필요한 식량 재배도 금지당했다. 이들은 보통 노동자들의 두 배로 착취당했는데, 고무를 싼값에 농장에 팔고 나서 농장 상점에서는 일할 때 쓰는 도구와 생활에 필요한 식료품을 제 가격에 사야 했기 때문이다. 글자와 숫자를 읽지 못했던 이들은 부동산 소유주와 지주의 손에 영구적으로 종속되었다. 농장을 떠나는 것은 빚을 갚을 때까지 금지되었다. 그러나 빚을 다 갚고 떠나는 일은 절대 벌어지지 않았다.

시간이 흐르고 난 뒤, 특히 고무 붐 사태가 잦아들면서 이러한 제약은 완화되었다. 고무 채취 노동자들은 파트너로 선주민 여성들과 결혼하여 가정을 이루기 시작했다. 이로써 북동부와 선주민의 특성들이 융합한 새로운 문화가 발생했다.

고무 채취 노동자 가정의 일부는 생계용 곡물을 생산했고, 사냥에서 얻은 수확물을 통해 단백질을 섭취하기 시작했다. 그러나 농장주들은 자기

---

* 아마존 고무 붐은 고무 추출 및 상업화와 관련하여 브라질과 인접 국가, 특히 아마존 지역의 경제·사회·역사에 중요한 몫을 차지한다. 아마존 분지를 중심으로 일어난 고무 붐은 결과적으로 해당 지역에서 유럽의 식민화를 확대하는 데 일조했다. 또한 이주 노동자를 유치하고 부를 창출하는 과정에서 문화적·사회적 변화를 일으켜 선주민 사회를 혼란에 빠뜨렸다. 1879년에서 1912년 사이에 발생했으나 제2차 세계대전 중 1942년에서 1945년에 걸쳐 고무 생산 및 관련 활동이 다시 증가했다.

들이 만든 상점에서 물건을 소비하라고 압력을 넣었고, 이 때문에 노동자들은 강제로 통조림 식품을 소비해야 했다. 이는 곧바로 노동자들의 영양 불균형으로 이어졌다.

샤푸리 주변 지역은 고무 농장 소유주들이 점차 대목장의 소유주로 대체되고 있었지만, 서부 아마존의 많은 지역은 여전히 예전 시스템을 유지하고 있었다. 이는 곧 노동자가 이중적으로 착취당하고 있음을 의미했다. 농장 소유주가 노동자를 직접 착취하는 모습은 거의 사라졌지만 대신 지역 상인에게 갈취당하고 지주들에게 언제든 추방당할 수 있는 위기에 놓였기 때문이다.

고무 채취 노동자들의 콜로카소(colocação)는 숲에서 거주했다. 각 콜로카소는 도보로 15분에서 1시간 정도 가면 만날 수 있는 거리에 있었는데, 그 사이에 두 개 이상의 오솔길(estradas de seringa)이 있다. 말이 오솔길이지 그곳은 최대 200그루의 고무나무가 자생하는 곳이었는데, 이 길들을 지나야만 그다음 고무 채취 노동자 집으로 갈 수 있었다. 고무 채취 노동자의 하루는 동이 트기 전에 시작된다. 노동자들은 오솔길 중 하나를 택해 길을 따라 고무나무 하나하나에 새로운 홈을 파고, 그 아래 홈에서 떨어지는 고무 수액을 담을 작은 컵을 매달아 놓는다. 이렇게 한쪽 길에 컵을 매단 다음 노동자들은 다른 쪽 오솔길로 들어서서 이미 설치해두었던 고무 수액 컵을 수거한다. 노동자들은 수거해온 모든 고무 수액을 응고시키고 나서야 하루를 마무리한다. 수액 굳히기는 주로 훈연(燻煙)법과 아세트산 가미법을 사용한다. 장작에서 피어오르는 연기를 이용하여 고무에 침을 뱉으면서 굳히거나 아세트산을 부어 누르는 방법이다. 고무나무 수액을 받는 작업은 격일로 행해진다.

아이들은 어릴 때부터 고무를 채취하는 방법을 배운다. 가족 노동자들로 노동력을 충당하기 부족하면 생산량을 채우기 위해 외부 사람들을 고용하기도 한다. 일반적으로 고무 채취는 남성의 몫이지만 대다수 여성도 이 기술을 배워서 가족을 부양한다.

고무를 수집하는 데 필요한 고무 채취 노동자들의 장비들
①굵개 ②칼 ③자루 ④양동이 ⑤컵(고무나무에서 추출한 수액을 담는 데 쓴다) ⑥주머니
⑦고무끈 ⑧어깨에 메는 통 ⑨램프 ⑩엽총 ⑪엽총끈 ⑫단도 ⑬카트리지
⑭늘어지는 가방

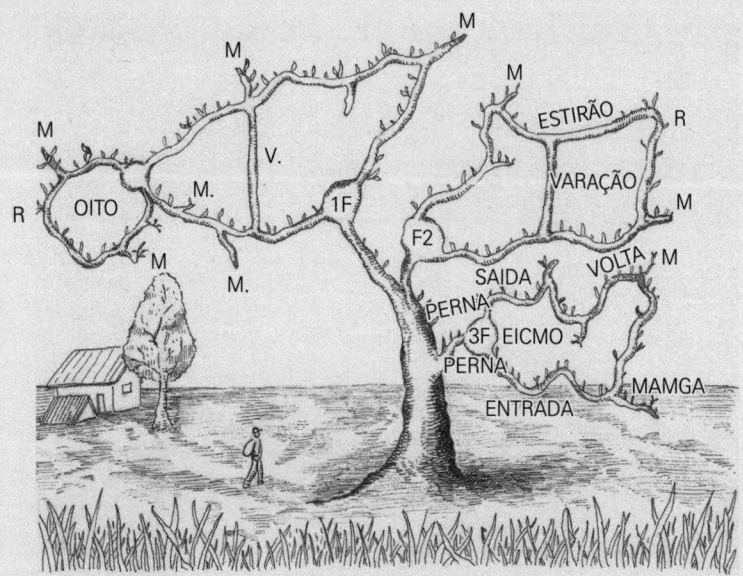

고무 채취 노동자가 자신이 일하는 지역을 나뭇가지 지도로 표현했다.

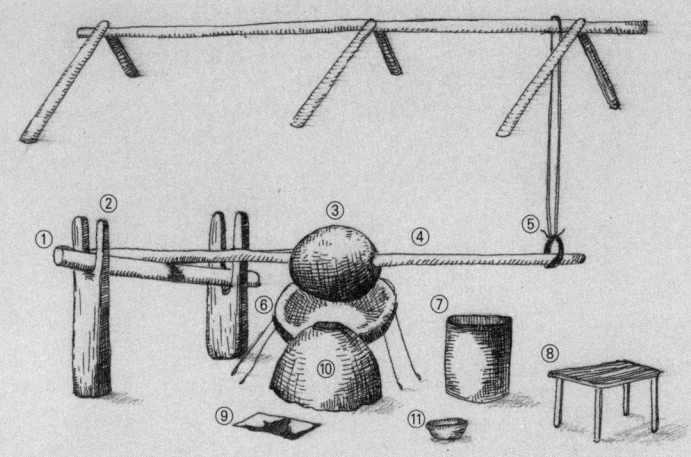

고무 수액을 굳히는 데 쓰는 도구들
①②④와 ⑤는 고무를 단단히 굳히는 데 쓰이는 장비들이다.
③고무 ⑥조롱박을 갈라 대야로 쓴다. ⑦고무를 담는 데 쓰는 캔 ⑧팔걸이 없는 의자
⑨재 구덩이(고무를 태운 자리에 생기는 자국) ⑩용광로(코코넛 껍질을 태우는 데 쓰임)
⑪작은 조롱박(녹인 고무를 퍼낼 때 국자처럼 사용)

고무나무에서 고무 수액을 채취하는 소년

연기를 피워 고무를 굳히는 브라질 고무 채취 노동자

1장
노동자에서 혁명가로

　나의 인생도 여느 고무 채취 노동자와 다를 바 없었다. 군소리 없이 일하며 주인에게 복종하는 사실상 노예와 같은 삶 말이다. 나 또한 아홉 살부터 일을 시작했고, 나보다 앞서 노동자로 살았던 아버지처럼 ABC를 배우는 대신 고무나무에서 수액을 추출하는 방법부터 배웠다. 지난 세기부터 1970년까지 아마존의 고무 농장에서는 학교 교육이 금지되었다. 고무 농장 주인들은 노동자 자녀들에게 일절 교육을 제공하지 않았다. 노동자의 아이들이 학교에 가서 읽고 쓰고 더하는 것을 배우면 그들이 고무 농장에서 착취당하고 있다는 사실을 깨닫게 될 것이고, 노동자들이 똑똑해지면 주인들로서는 손해를 입을 수밖에 없다고 판단했기 때문이다. 그리고 아이들이 등교하지 않고 일을 해야만 조금이라도 더 생산성을 높일 수 있다고 생각했다.

　그래서 우리 중 대다수는 수십 년 동안 읽거나 쓸 줄 모르는 상태로 살았다. 고무 채취 노동자들은 1년 내내 죽도록 일하면서 자신에게도 뭔가 남는 게 있기를 바랐지만 어째서인지 빚에서 헤어 나올 수가 없었다. 그 누구도 숫자를 셀 수 없었기에 주인에게 사기를 당하는 건지 아닌지 알아채지도 못했다.

그러던 어느 날 낯선 사건이 발생했다. 1962년의 어느 날 오후, 생전 처음 보는 사람이 고무 농장 안에 자리한 우리 집을 지나갔다. 그 역시도 고무 채취 노동자였지만 여타 노동자들과는 완전히 다른 모습이었으며 사용하는 말도 달랐다. 그는 우리가 막 채취를 끝내고 돌아와 고무 수액을 양생하느라 정신없었던 날에 우리를 방문했다. 그는 담소를 나누기 시작했는데 그의 말투가 호기심을 불러일으켰다. 그 사람은 신문도 가지고 있었다. 나는 당시에 신문이 무엇인지도 몰랐지만, 관심이 생겼고 그는 그런 나의 호기심을 알아본 듯했다. 그래서 나와 아버지는 그를 한번 만나보기로 했다.

그러던 어느 날, 우리는 그의 집을 방문하기 위해 길을 나섰다. 그곳까지 가려면 숲속에 난 좁은 길을 따라 세 시간 정도 걸어야 했다. 그는 오두막집에서 혼자 살고 있었다. 그는 나에게 읽는 법을 가르쳐주고 싶다고 했고, 아버지는 내가 일을 쉬는 주말에 그와 함께 시간을 보내도 될 것 같다며 그의 제안을 받아들였다.

숲의 정치학

나는 매주 토요일 오후가 되면 집을 나섰다. 세 시간 동안 숲속을 걸어 그의 오두막집을 찾아갔다. 우리에게는 교재가 따로 없었기 때문에 신문의 정치 칼럼을 활용했다. 그는 신문이 나오고 나서 한 달에서 두 달 정도의 시간이 지나야 받아 보는 듯했다. 이런 식의 공부는 몇 달 동안 계속되었고, 나는 금세 글을 읽고 쓸 수 있게 되었다. 아버지도 글자를 조금 알게 된 후 내 공부를 도와주었지만, 나를 가르칠 시간이 많지는 않았다. 하지만 그 사람은 훨씬 유능했고 매우 총명했다. 가끔은 그가 해주는 이야기가 너무나도 흥미로워서 그의 말에 귀를 쫑긋 세운 채 밤을 지새운 적도 있었다.

그렇게 1년 정도의 시간이 흐른 뒤에야 그는 서서히 자신에 관한 이야기를 들려주기 시작했다. 어느 날 밤, 그는 자신이 1935년까지 군대에서 중위로 복무했다고 말했다. 그때 그와 동료 중 일부는 루이스 카를로스 프레스테스(Luis Carlos Prestes, 1898-1990)*가 이끄는 혁명에 합류했었다고 한다. 나라 상황이 매우 심각했기에 프레스테스가 도모한 혁명에 가담하여 싸우기로 마음먹었다는 것이다. 그러나 프레스테스의 혁명은 실패했고 많은 사람이 체포되었다. 그와 다른 동료들은 페르난두 지 노로냐 섬(Fernando de Noronha)*에 수감되었다.

그는 정부 측 사람과 연줄이 있었던 덕에 섬을 탈출하여 파라(Pará)주의 벨렘까지 배를 타고 갈 수 있었다. 하지만 그곳에서 또

---

* 페르난두 지 노로냐(Fernando de Noronha)는 페르남부쿠주에 있는 브라질 군도이다. 화산 기원의 21개 섬과 암석으로 형성된 노로냐섬은 총면적 26제곱킬로미터를 차지하며 수도에서 545킬로미터 떨어진 브라질 본토 북동쪽 대서양, 페르남부쿠 레시페(Recife)에 있다.

다른 반란에 가담했고, 다시 한번 체포되었다. 그러고는 다시 한 번 탈출하여 볼리비아로 갔으며, 그곳에서 1950년대를 볼리비아 노동자, 광부 그리고 정부에 반대하는 운동을 위한 투쟁에 적극적으로 가담했다고 한다. 이후 엄청난 탄압의 물결이 덮쳐왔고, 그는 정부가 찾는 주요 인물 중 하나가 되었다. 그러나 정부가 그를 체포하기 전에 정글로 도피했고, 고무 농업 단지를 통과해 브라질의 국경을 넘은 터였다.

볼리비아 국경은 그의 오두막에서 도보로 불과 2시간 거리였다. 그는 안전하게 머물 수 있는 곳을 찾아 혼자 살면서 고무 수액을 채취하는 방법을 터득했다고 한다. 여태까지 살아오는 동안 요리하는 법을 배워본 적이 없다고 하는 걸 듣고 나는 그가 정말 복잡한 삶을 살아온 게 틀림없다고 생각했다. 서로 알게 된 지 1년 정도가 지났을 때 그는 나에게 이름을 알려주었다. 그의 이름은 유클리드 페르난데스 타보라였다.

1964년 반란이 일어나다

내가 유클리드로부터 배운 가장 중요한 것은 브라질에서 군사쿠데타가 일어났던 1964년 무렵에 관한 상황이었다. 이미 나는 그와 대화를 나누면서 제법 많은 것을 알게 되었다. 유클리드는 간신히 라디오를 하나 입수했는데, 그 라디오를 가지고 나는 해외에서 송신되는 포르투갈어 방송을 수신하는 법을 배웠다. 내가 주로 듣던 첫 번째 방송은 '라디오 모스크바'(Radio Moscow)*에서 매일 오후 5시에 송신하는 방송이었다. 그 직후에는 '보이스 오브 아메리카'(Voice of America, VOA 또는 VoA)**의 방송을 들었는데, 비슷한 시간대에 런던 영국방송공사(British Broadcasting Corporation, BBC)에서는 포르투갈어로 진행하는 방송을 내보냈다. 이 세 개의 방송은 아마존에 살던 우리에게 큰 영향을 끼쳤다.

매일 밤 우리는 라디오 방송에서 다룬 내용을 가지고 토론했다. 쿠데타 이후의 상황을 예로 들자면, 우리는 일단 보이스 오브 아메리카를 통해서 민주주의를 쟁취하기 위한 브라질의 위대한 승리에 관한 방송을 들었다. 그런데 또 다른 날 밤에는 라디오 모스크바를 통해 브라질 정부의 탄압을 규탄하고 쿠데타가 미 중앙정보국(Central Intelligence Agency, CIA)과 보수 교회 측으로부터 자금을 지원받았다는 이야기를 들었다. 각 방송을 통해 다양한 분석에 가까이 갈 수 있었던 것은 내게는 큰 행운이었다. 또한 나는 방송을 통해 우리나라의 진정한 애국자들이 학살당하고 있으며, 그중 많은 사람이 체포되거나 고문을 당하거나 추방당하는 한편, 더 많은 사람이 실종되거나 암살된다는 것도 알게 되었다. 그들은 모두 운동가였다.

그 와중에 보이스 오브 아메리카는 민주주의가 무정부 상태, 부

---

* 라디오 모스크바는 1993년까지 소비에트 사회주의 공화국 연방의 공식 국제 방송국이었다.
** 보이스 오브 아메리카는 미국의 국영 국제 라디오 방송사다.

패, 테러와 공산주의 등에 맞서 위대한 승리를 거두고 있다고 반복적으로 방송했다. 덕분에 나는 같은 사건을 다양한 각도에서 바라보고 분석하는 법을 배울 수 있었다. 매번 방송이 끝난 후 우리는 미국과 소련의 입장을 논의하고 비교했다.

1965년에 나는 유클리드를 더 자주 만나 함께 시간을 보냈다. 그 덕분에 브라질에서 벌어지는 많은 일에 대해 각성하게 되었다. 그는 나에게 노동조합운동을 조직하는 방법에 대해 조언해주었다. 그러면서 향후 10년, 15년, 혹은 20년 이상 우리를 억압할 독재 체제가 계속될 수 있지만 그럼에도 새로운 노조와 새로운 조직 또한 등장할 것이라고 예견했다. 더불어 숱한 패배와 굴욕, 대학살이 벌어지겠지만, 운동의 뿌리는 항상 그와 같은 절망 속에 있다고도 말했다. 식물이 아무리 공격을 받아도 굴하지 않고 항상 다시 싹을 틔우는 것과 같다면서 말이다. 그는 "이제껏 세상 그 누구도 해방운동의 뿌리를 뽑아내지 못했다"라고 말했다. 유클리드가 남긴 말은 매우 인상적이었다. 그의 한 마디 한 마디는 마음을 울리는 교훈이자 장차 브라질의 미래에 대한 예언과도 같았다.

현실을 직시하고 행동하라

그리고 나서 유클리드는 이렇게 덧붙였다.

"잘 들어둬, 넌 이 지역에서 노동조합에 참여해야 해. 조합은 조만간 만들어질 거야. 정확히 언제가 될지는 모르겠지만, 네가 있어야 할 곳은 바로 그곳이란다. 노동조합이 제도나 노동부, 독재 정부와 연결되어 있다는 이유만으로 가입을 피하려고 하지 마. 너도 반드시 참여해야 해."

유클리드가 말을 이었다.

"레닌은 노조가 선동적이라는 이유로 탈퇴해서는 안 된다고 항상 말했지. 노조에 들어가서 풀뿌리 조직을 만들고 너의 생각을 퍼뜨리고 운동역량을 키우는 데 활용해야 해. 누가 알겠어, 네가 부패한 체제를 전복할 수 있을지? 노조는 정부에 완전히 얽매여 있을지 모르지만, 그렇다고 그들이 가진 철학이나 우두머리의 정치적 견해에 대해서 걱정할 필요까진 없어. 명심해, 노조는 지금 정부의 하수인 역할을 하고 있으니 노조에 들어가면 그들에 대해 더 자세히 알게 될 거야."

이 말은 유클리드가 나에게 해준 가장 중요한 조언 중 하나이자 내가 오늘날까지 투쟁하는 이유 중 하나라고 생각한다. 아쉽게도 내 다른 친구들은 유클리드를 아는 특권을 누리지 못했다.

나는 1968년에 고무 채취 노동자를 조직화하려다가 여러 문제에 봉착했다. 나는 어떠한 지원도 받지 못했기에 오로지 내 힘으로 진행할 수밖에 없었다. 게다가 독재정권하에 가장 어려운 시기를 보내고 있었기에 사람들의 관심을 끌기도 매우 어려웠다. 우리는 1975년까지 기다려야만 했다. 당시에는 브라질 전 지역이 지주들의 지배를 받고 있었고, 전국농업노동자연맹(Confederação

Nacional dos Trabalhadores na Agricultura, CONTAG)의 주도로 노동부의 지침에 따라 최초의 노동조합이 결성되기 직전이었다.

첫 번째 노동조합이 브라질레이아(Brasiléia)에 설립되었다는 소식을 듣고 나는 곧바로 유클리드의 조언을 떠올렸다. 그리고 비록 나를 초대해준 사람은 없었지만, 곧바로 그곳으로 향했다. 그들은 나를 받아들였고, 나는 그곳에서 노동조합의 기초를 다지는 작업의 하나로 노동조합주의*에 대해 강의했다. 나는 잘 해냈다. 지난 10년 동안 습득한 지식 덕분에 그곳에서 비교적 편안하게 토론에 참여할 수 있었다. 하지만 곧 노조 이면에 깔린 조심스럽고 보수적인 사고도 확인할 수 있었다. 노동조합은 표면적으로는 고무 채취 노동자의 권리를 보호하기 위해 존재하는 듯했으나, 사실 이 모든 것은 그저 현상 유지를 위한 장치에 불과했다. 나는 그 현실을 직시했다. 하지만 상처를 받거나 크게 문제시하지는 않았다. 오히려 투쟁에 더 깊이 파고들고 싶어졌다.

그래서 나는 1975년에 브라질레이아 노조에 가입했다. 엘리아스 로세노(Elias Roseno)는 회장으로, 라이문도 마라냥(Raimundo Maranhão)은 회계 담당자, 그리고 나는 비서로 선출되었다. 당시 우리는 보수를 전혀 받을 수 없는 상황이었기에 우리 셋은 교대로 돌아가며 사무실에서 일했다. 가령 내가 노동조합 사무실에서 1-3주 정도 있는 동안 다른 두 명은 생업을 위해 일하다가 이후에

---

* 자본주의 제도를 인정하고 노동조합의 정치적 기능을 부정하여, 노동운동의 목표를 노동자의 경제적 지위 향상으로 제한하려는 노동조합운동에 관한 사상이다.

교대하는 형태였다. 브라질레이아의 인근인 샤푸리의 고무 농장에서 일하던 몇몇 친구는 내가 노조에서 비서로 일한다는 소식을 듣고 가입하기도 했다. 하지만 샤푸리는 별도의 지방자치단체라 브라질레이아에서 손을 쓸 수가 없었다. 그래서 나는 다시 샤푸리로 돌아가 노동조합을 설립하기로 마음먹었다.

샤푸리는 브라질레이아와 다른 부분이 많아 초창기에 어려움을 겪었다. 당시에 브라질레이아에서는 아크리-푸루스(Acre-Purus) 교구장인 돔 지오콘도(Dom Giocondo) 주교가 교회를 이끌었다. 지오콘도 주교는 고무 채취 노동자를 지원했으며, 노동조합의 취임식과 교육 과정 및 훈련 일정 등을 모두 교회에서 진행하게 해주었다. 하지만 샤푸리에서는 상황이 달랐다. 오히려 지역 신부가 내 활동에 대해 경찰에 신고하는 바람에 난생처음 경찰 소환장을 받기도 했다. 그 신부는 지주와 가까운 사이였기에 노동자들이 조직하는 그 어떤 형태의 단체에도 반대하고 있었다. 또한, 나중에 알고 보니 그는 정부의 국가정보원(Serviço Nacional de Informações, SNI)의 비밀 요원이기도 했다. 그의 이름은 호세 카르네이루 데 리마(José Carneiro de Lima)다.

샤푸리에서 노동조합을 조직하기란 결코 쉬운 일이 아니었다. 하지만, 모두가 힘을 모아 열심히 활동했다. 내가 샤푸리에서 활동하고 있던 1978년, 브라질레이아에서는 윌슨 피녜이루(Wilson Pinheiro, 1933-1980)**가 노동조합의 지도자로 선출되었다. 피녜이루는 매우 유능하고 용감한 사람이었고 노조 운동의 영향력을

윌슨 피녜이루

키우는 데 한몫했다.

샤푸리 시의회 의원이 되다

내가 아직 브라질레이아에서 노조 간부로 활동하며 샤푸리의 노조 조직을 돕기 위해 근거지를 옮길 생각을 하고 있을 무렵 총선이 열렸다. 그 당시 군사독재 정부는 두 개 정당, 즉 국가혁신연합당(Aliança Renovadora Nacional, ARENA)과 브라질 민주운동당(Movimento Democrático Brasileiro, MDB)만 활동하도록 허용했다. 브라질 민주운동당은 누가 봐도 야당처럼 생각되었지만 실제로는 독재정권에 의해 만들어진 정당이었다. 하지만 노동자들은 브라질 민주운동당에 적으나마 호의를 품고 있었다. 어려운 시기에 독재정권에 반대했다는 이유에서다. 그럼에도 그들은 여전히 야당 후보로 출마할 용기를 내지 못했다.

나는 샤푸리 시의회 입후보자로 초청을 받았다. 정당이 선거에 참여하려면 최소한의 후보자가 필요하다는 것을 알고 있었기에 나도 처음엔 숫자를 채울 양으로 그 제안을 받아들였다. 브라질레이아에 있는 동료들이 지금은 내가 출마할 적절한 시기가 아닌 것 같다며 우려를 표했을 때도 별다른 이견이 없었다. 하지만 시간이 지날수록 나는 이번 출마가 샤푸리에서 노동조합을 조직하는 데 적으나마 도움이 될 것이라 확신하게 되었다. 나는 결국 마음을 굳혔고, 동료들도 동의했다.

나는 샤푸리로 와서 시의회 선거에 브라질 민주운동당 후보로 출마했다. 그때까지만 해도 나는 여전히 후보자 목록의 내 이름은 브라질 민주운동당을 모든 선거 과정에 정상적으로 참여할 수 있게 해주는 형식뿐인 절차라고 생각했다. 당시 나에겐 돈도 없었고 정당 정치 경험도 전혀 없었기 때문이다. 야당에 투표하고 정부에는 반대표를 던졌지만, 정당의 정치과정을 완전히 이해하지는 못했다. 그런데 정말 놀랍게도 결국 내가 당선되었다. 정치 경험이 부족했던 나는 초기부터 계속 힘든 상황을 맞닥뜨리곤 했다. 비록 노동조합운동에 배경을 두고 있었지만, 이제 나는 정당과 노동조합 양측 모두에서 투쟁을 이어가야 했다.

브라질 아크리주 샤푸리에서 찍은 마리나 시우바
마리나는 아크리주 연방 상원의원으로 16년(1995-2011) 동안 활동했다.

내가 당선된 브라질 민주운동당은 의석을 총 3석, 여당은 4석을 얻었다. 지주 측 정당이 과반수 이상이었기 때문에 상황이 쉽지 않을 것 같았지만 적어도 브라질 민주운동당의 동료 두 명은 나와 함께 노동자들을 지지해주리라 생각했다. 그러나 곧 실망할 수밖에 없었다. 동료들은 정치적 권한을 활용해 고무 채취 노동자의 투쟁을 돕자는 나의 의견에 동의하지 않았다. 내가 의회에서 처음으로 착수한 사안은 고무 채취 노동자가 더는 그들의 땅에서 추방되지 않도록 막는 것이었다. 이 역시 당내 동료나 여당 의원에게 받아들여지지 않았다. 게다가 나는 브라질 민주운동당의 원로 정치인들과도 사이가 좋지 않았다. 1977년에는 당에서 거의 쫓겨날 뻔했다. 나는 시간이 지나면 지날수록 정치에 환멸을 느끼게 되었다.

하지만 나는 노동조합 설립에 적극적으로 참여했다. 공직에 있었기에 노조 간부 선거에 출마할 자격은 없었지만, 동료들이 선출될 수 있도록 노력을 기울였다. 그리고 이 무렵부터 지역교회로부터 지원을 받을 수 있었는데, 이전에 언급했던 반동적인 신부가 떠난 뒤로 점차 분위기가 달라진 덕분이다.

1978년과 1979년은 나에게 매우 힘든 시기였다. 시의원으로 활동하는 동시에 노동조합운동에 참여했기 때문이다. 농업에 종사하지 않으면 노동조합에 가입할 수 없다는 규정 때문에 지방의회가 잠시 휴회하는 동안 나는 고무를 채취하고 브라질너트를 수확하러 다녔다. 노동조합에서 가입을 허가해준 뒤로 나는 그들이 하는 의사 결정 과정에 자주 참여했다.

상처 입은 사자

내가 처한 상황은 나아졌지만, 지주들 및 다른 시의원 여섯 명과 치른 정치적 싸움은 매우 거칠었다. 이 싸움은 내가 겪은 경험 중 가장 쓰라린 것이었다. 그러나 이를 통해 많은 것을 배우기도 했다. 이를테면 정당 정치체제가 어떻게 돌아가는지, 노동자들이 어떻게 사기를 당하는지 등을 자세히 알게 된 것이다. 정말이지 비극적이고 우스꽝스러운 체제였다. 노동자들은 다친 사자를 만나 상처를 치료해주고는 영문도 모른 채 잡아먹히는 사람과도 같았다! 사실상 노동자들은 노동자의 적을 대변하는 정치인의 힘을 키워주고 있었던 셈이다. 그러나 여전히 많은 노동자는 그 사실을 깨닫지 못했다.

그 당시 나는 지식인과 교육받은 사람들, 학생, 기타 좌파 운동에 몸담은 대학교수 등 다른 부류의 사람들을 알아가는 중이었다. 그들은 나를 좌파 운동에 끌어들이고자 부지런히 설득했고, 결국 나는 좌파 운동의 또 다른 활동인 비밀 정당에 연루되었다. 심지어 불법 조직이었던 친 알바니아 브라질 공산당(Partido Comunista do Brasil, PCdoB)에 가담하기도 했다. 당시 나는 좌파의 제안에 매료되었다. 그 과정에서 내가 잘못된 정당에 속해 있다는 것을 깨달았으나 전술상의 이유로 브라질 민주운동당에서 계속 활동하고자 했다. 정치적 권한을 활용해 투쟁을 도와야 한다고 생각했기 때문이다.

노동당이 창당된 것은 1979년 말이었다. 상파울루와 여기 아크리의 노동조합원들이 내게 가입을 권유했다. 그러나 브라질 공산당은 노동당에 합류한 사람을 모두 반역자로 간주했기 때문에 선택하기가 매우 어려웠다. 나는 브라질 공산당이 행동하는 방식에는 동의하지 않았다. 우리는 지주들에게 대항하는 조직을 함께 꾸렸지만, 막상 외부에서 억압이 가해질 때마다 조직원들은 사라졌고 나 홀로 그 결과를 감내하곤 했다. 나는 매번 혼자 남겨졌다. 이 상황에 화가 났고, 의심이 들기 시작했다. 얼마 후 나는 친 알바니아 공산당을 떠나 노동당에 가입했다.

노동당은 노동조합운동의 염원에 매우 부합하는 정당이었기 때문에 나는 열심히 활동했다. 그러나 그곳에서도 쓰라린 경험을 겪어야 했다. 당의 국가정책 때문이 아니라 당에 입당하기로 한 여러 단체 탓이었다. 나는 내부 불화의 희생양이 되었고, 1982년 주의회 선거에 노동당 후보로 출마했다가 낙선했다. 당시 정당 안에는 나의 의견에 반대하는 사람들이 많았다. 정당 내 우익 세력은 내가 입후보자가 되면 급진적 노선을 택할 것이 뻔하고, 그렇게 되면 결국 당이 피해를 볼 거라고 믿었기 때문이다. 최악의 무리는 교회와 연결된 사람들이었다. 가장 진보적이어야 할 사람들이 가장 우익에 있었다. 하지만 괜찮았다. 나는 이 모든 것을 투쟁의 과정으로 받아들이고 과업을 계속 이어나갔다.

노동조합운동에 점점 더 깊이 발을 담그게 되면서 나는 이곳이야말로 내가 활동하기에 가장 좋은 곳이라고 느꼈다. 이러한 일련의 과정을 겪는 동안 나는 1965년에 유클리드가 나에게 해주었던 조언을 떠올리게 되었다. 이렇게 노동당에서 계속 활동하면서 1982년부터는 샤푸리 농촌 노동조합에 헌신했다.

현재 나는 전국 고무 채취 노동자협의회***의 회원이다. 나는 다른 조직원들에게 자리를 내주기 위해 임원 자리를 버렸지만, 리더 역할은 암묵적으로 내가 맡고 있다. 사람들은 내가 1989년 3월에 열릴 예정인 다음 전국 회의에 출마해야 한다고 말한다(아크리 연대기 참조). 나 역시 전국 고무 채취 노동자협의회가 국내외적으로 저항운동에 유의미한 영향을 미칠 수 있다고 믿는다.

지도자가 아닌 동지로서의 내 역할은 우리의 운동이 강화되도록 이바지하는 것이었는데, 오늘날 나는 전국 고무 채취 노동자협의회가 투쟁에서 매우 중요한 위치를 차지하고 있다고 생각한다. 샤푸리 농촌 노조위원장으로서 확신하고 말하지만, 아마존 지역 노동조합운동을 강화하는 열쇠는 바로 전국 고무 채취 노동자협의회다. 그리고 구성원의 한 사람으로서 최선을 다하는 것이 곧 나의 목표다.

고무나무에서 수액 채취 시범을 보이는 치코 멘데스

치코 멘데스가 투표를 하기 위해 줄을 서서 기다리고 있다.
1989년 11월에 열린 이 대통령 선거는 1960년 이후 치러진 첫 직접 선거였다.

깊이 읽기3   **1964년의 군사 쿠데타**

노동당의 지도자이자 군대의 '검은 짐승'으로 불린 후아우 굴라트(João Goulart, 1919-1976)* 정부는 구조적 경제 개혁 및 사회 개혁을 시도하여 보수세력의 강력한 반대를 불러일으켰다. 야당은 미국의 지원을 받았다. 당시 미국은 쿠바 혁명의 여파로 인한 라틴아메리카의 급진적인 변화를 막고 싶어 했다.

굴라트 정부 시절엔 인플레이션이 증가하고 노동 계급과 하층 계급이 성장했다. 산업노동조합은 노동 제한법의 개혁을 촉구했고, 농촌노동자 노동조합이 처음으로 결성되었다. 북동부의 사탕수수 농장에서는 토지 소유자가 노동자들에게 행하는 삶과 죽음에 대한 절대 권력에 도전하려는 시도가 여러 차례 있었다.

혁신적인 지역사회 활동 및 문맹 퇴치 프로젝트는 교회와 파울루 프레이리(Paulo Freire, 1921-1997)** 같은 진보적인 세력의 주도로 번성하기 시작했다. 하지만 자신들의 이익에만 관심이 많았던 보수세력이 이를 간과할 리 없었다. 계층 간 무력이 증대하는 상황으로 치닫자 결국 군부는 1964년 4월 '전복 방지'와 '질서 회복'을 명목으로 쿠데타를 일으킨다.

---

* 후아우 굴라트는 일반적으로 '장고'라는 이름으로 알려진 브라질의 정치인이다. 1964년 4월 1일 미국이 지원한 군사 쿠데타로 축출될 때까지 브라질의 24대 대통령을 지냈다. 굴라트는 2003년 루이즈 이나시오 룰라 다 실바가 집권할 때까지 브라질에 집권한 마지막 사회주의 대통령이다.

** 파울루 프레이리는 브라질의 교육학자이자 철학자다. 프레이리는 비판적 교육학이라고 불리는 운동에 영향을 미친 세계 교육학 역사상 가장 주목할 만한 사상가 중 한 사람으로 간주된다. 프레이리의 영향력 있는 저서인 『피억압자들의 교육학*Pedagogy of the Oppressed*』(1970)은 비판적 교육학 운동의 토대를 이루는 기본 저서로 여겨진다.

군부를 등에 업은 세력은 정치적 안정과 값싸고 유순한 노동력 제공 및 급속한 산업화 프로그램 등을 캐치프레이즈로 내걸고 외국 자본을 유입하여 새로운 경제·사회 모델을 밀고 나갔다. 이들은 임금을 통제하고 특정 계층에 부를 집중시켜 소기의 목적을 달성했으나 높은 성장률과 빈곤 증가라는 결과를 낳았을 뿐이다. 이들에게 반대하는 세력은 역시 무력으로 진압되었다.

1970년대 중반 유가 상승을 시작으로 1982년 이후의 부채 위기까지 경제 위기가 점차 심각해지면서 군부는 미래의 민간 대통령을 지명하고 통제하면서 정치 행정부에서는 철수하는 계획을 세웠다. 그러고는 이를 달성하기 위해 선거법을 연속적으로 개정했다.

이들의 계획은 그러나 광범위한 정치세력을 통합할 능력을 지닌 야당 후보 탕크레두 네베스(Tancredo Neves, 1910-1985)[*]가 1985년 대통령 간접선거에서 승리하면서 빗나갔다. 하지만 네베스는 집권하기 전에 사망했고, 이전 군정당 대표이자 민주주의 개혁에 반대했던 부통령 후보인 호세 사르니(José Sarney, 1930-)[**]가 대통령에 취임했다. 사르니 정부는 경제를 부실하게 관리하고, 농촌 지역에서 증가하는 폭력에 대한 대책 및 농업개혁 같은 주요 정책을 시행하지 않았다.

---

[*] 브라질 제6공화국의 초대 대통령 겸 31대 브라질 대통령을 지냈다. 상주앙델헤이(São João del-Rei) 출신으로 1985년 1월 국회의원을 중심으로 하는 간접선거에서 브라질 민주운동당 후보로 당선되어 74세의 나이로 대통령에 취임했으며, 그해 3월 14일 교회에서 열리던 미사 때 오래 전부터 찾아온 소화불량으로 쓰러져 브라질리아에 있는 병원으로 이송되었다. 일곱 차례의 내장 기관 절개 수술을 받았지만, 5주 후 상파울루에서 사망했다.

[**] 브라질의 정치인. 1985년부터 1990년까지 대통령을 지냈다. 1964년 브라질 쿠데타로 권력을 쥔 극우 군사독재정권의 우당인 국민개조동맹당에서 부역했고, 1966년부터 1971년까지 마라냥 주지사로 지명되었으며, 주지사 퇴임 후에는 상원의원을 지냈다. 1979년 국민개조동맹당이 민주사회당으로 개칭하자 군사독재정권의 지명으로 당수가 되었다. 1985년 군사독재정권이 붕괴하자 브라질 민주운동당에 입당했고, 대통령 선거에서 민주운동당 후보로 출마한 탕크레두 네베스에게 부통령으로 지명되었다. 그해 네베스가 사망하자 자연스럽게 대통령직에 올랐으며, 1990년까지 5년간 직위를 유지했다.

1989년 11월에 열린 대통령 선거는 1960년 이후 치러진 첫 직접 선거였다. 2차 결선투표에서 보수 단독 후보인 페르난도 콜로르(Fernando Collar, 1949-)가 노동당의 후보인 룰라, 즉 루이즈 이나시오 다 실바(Luiz Inácio Lula da Silva(Lula), 1945-)*를 가까스로 이겼다.

---

* 금속 노동자 출신 정치인으로 룰라(Lula)라는 별명으로 유명하다. 2002년 브라질 대통령 선거에 노동자당 소속으로 출마해 대통령에 당선되었으며, 2006년 브라질 대통령 선거에서 재선에 성공해 총 8년의 임기를 마치고 퇴임했다. 2022년 브라질 대통령 선거에서 자이르 보우소나루(Jair Bolsonaro, 1955-)의 재선을 반대하며 대통령 후보로 출마하였으며, 1차 투표에서 1위로 승리하여 결선투표에 진출했고, 결선투표에서 자이르 보우소나루를 꺾고 승리하여 제39대 브라질 대통령에 당선되었다.

깊이 읽기4 전국농업노동자연맹과 브라질 노동조합

브라질 노동조합의 뼈대는 1937-45년까지 게툴리오 바르가스(Getúlio Vargas, 1882-1954)*의 독재 시기인 에스타도 노보(Estado Nôvo)에서 구축**되었다. 바르가스가 참고한 모델은 노동조합을 노동부에 종속시키는 무솔리니의 노동법이었다. 조합원 자격을 갖추려면 노조에 필수로 가입해야 했다. 노동부는 재정을 통제하고 조합원의 회비를 징수하며 노동조합 구조 내에서 자금을 배분했다. 노동부는 노동조합 업무에 개입하여 특정한 경우에 임원을 해임하고 지명자를 자체적으로 임명할 수 있었다.

노동조합은 범주 또는 직종 및 해당 자치단체에 따라 나뉜다. 예를 들어, 상파울루 같은 대도시(여러 지방자치단체로 구성된)의 은행에서 근무하는 노동자는 일하는 위치에 따라 다른 은행 노동자조합의 회원이 된다. 이처럼 지방자치단체의 건설 노동자는 다른 모든 노동자와 마찬가지로 자체적인 건설 노동자조합을 갖게 된다. 각 유형의 노동조합은 주 연맹 수준으로 함께 모이며 이러한 연맹은 전국 수준의 연맹을 지원한다.

노동법에 따라 다른 노동 범주에 속하는 노동조합 간의 접촉은 금지된다. 이를테면 은행 노조와 건설 노조가 만날 수 있는 법적인 토대는 없다

---

* 게툴리오 바르가스는 'GV'라는 이니셜로도 알려져 있다. 게툴리오는 "가난한 자의 아버지"라는 별명을 가진 브라질의 변호사이자 정치인이었다. 1930년-1945년까지 14대, 1951년-1954년까지 17대 대통령을 역임했다.

** 1934년 헌법에 따르면 바르가스의 대통령 임기(4년)는 1938년에 만료될 예정이었으며, 자동으로 재선에서 제외되었다. 그러나 1937년 11월 10일 바르가스는 "코헨 플랜"(Plano Cohen)이라고 불리는 정부 전복 계획의 존재를 비난하는 연설을 전국 라디오로 내보냈다. 그러나 실제로 코헨 플랜은 바르가스가 계속 통치하며 독재적 권력을 행사할 수 있는 유리한 분위기를 조성하기 위해 정부에서 위조된 것이었다.

(그러나 1980년대에 노동조합 총회의 출현을 사실상 막지는 못했다).

전국농업노동자연맹은 농촌노동조합 연맹이다. 치코 멘데스가 자신의 활동을 설명했던 시점에는 아크리주에 농촌노동자 노조가 없었다. 따라서 전국농업노동자연맹은 1975년에 브라질리아(Brasília)의 대표를 아크리의 주도인 히우브랑쿠에 파견하기로 결정을 내렸다. 브라질리아 대표는 위에서 아래로 아크리 지방자치단체에 농촌노동자 노동조합을 창설할 책임을 지녔다.

노동조합은 브라질레이아와 샤푸리에 처음으로 결성되었다. 1980년대 초반까지 농촌노동자 노동조합은 주 연맹 단체인 아크리 농촌 노동조합 연맹(Federação dos Sindicatos dos Trabalhadores Rurais do Acre, FETACRE)과 함께 아크리의 모든 지방자치단체에 만들어졌다.

깊이 읽기 5

노동당의 부상(浮上)

1979년, 국가혁신연합당과 브라질 민주운동당의 양당 체제가 무너지고 있었다. 새로운 법안이 통과되면서 새로운 정당을 만들 기회가 생겼지만, 등록 절차가 너무 복잡하여 구식 정당을 다르게 하여 등록할 수밖에 없었다. 노동당은 부상하는 농촌 운동과 도시 풀뿌리 운동 및 진보적인 교회 조직과 함께한 상파울루의 금속노동자 파업(1978년과 1979년, 1980년)으로 성장했다.

이 세력은 군사독재 시기 동안 등장했고, 공식 야당인 브라질 민주운동당을 대표성이 없는 조직으로 간주했던 지역사회와 노동조합 조직 간의 형성된 새로운 네트워크를 나타낸다. 이들은 새로운 종류의 정당, 즉 민주적이고 참여적이며 아래에서 위로 결정이 이루어지는 정당을 만들고 싶어 했다.

노동당을 창립한 사람들은 1979년 새로운 법안을 간신히 통과시킬 수 있었다. 이 법안에는 정당이 최소 12개 주에 있는 지방자치단체의 최소 20퍼센트에 지역 위원회를 둘 것을 명시했다. 하지만 이는 기존 정당의 등록을 용이하게 해주려고 설계되었음이 명백하게 드러났다. 새로운 정당이 단기간에 이 과정을 통과하기란 불가능했기 때문이다.

노동당은 노조(공업, 농촌, 전문직)와 이웃, 교회, 지식인과 같이 이미 존재하는 수많은 집단의 목소리를 대변하며 1년 이내에 법안이 요구하는 엄격한 사항을 충족할 수 있었다. 1981년 말까지 노동당은 500,000명 이상의 당원을 확보했고, 브라질에서 네 번째로 큰 정당이 되었다. 다른 정당과 달리 노동당은 지역 그룹, 지역 조정기관 및 국가 차원의 위원회를 통해 전국 당 대회에 참여하며 민주적 의사결정 원칙을 기반으로 활동한다.

노동당은 선거 기간에 천천히 성장했다. 1982년 선거에서 소수의 연방 하원의원과 상원의원이 국민의회에 선출되었지만, 노동당의 룰라는 상파울루주의 주지사로 선출되는 데 실패했다. 1985년 지방선거와 1986년 국회의원 선거와 주 선거에서 당이 발전을 이루었지만, 1988년 11월 지방선거에서 중요한 전환점을 맞이했다.

3년간의 경제 위기를 겪으면서 유권자들이 환멸을 느끼고, 사르니 대통령을 지지하는 브라질민주화운동당(Partido do Movimento Democático Brasileiro, PMDB), 자유전선당(Partido da Frente Liberal, PFL)* 동맹 내에서 부패가 감지되자 많은 유권자가 노동당으로 눈을 돌렸다. 노동당은 전체 득표율을 높이고, 여러 중요한 지방자치단체에서 대표성을 높였으며 무엇보다 포르투알레그리(Porto Alegre)와 상파울루 시장 선거, 상파울루를 둘러싼 교외 공업 지역에서 승리했다.

1989년 대통령 선거에서 애석하게 패배한 것은 선거운동이 끝날 때까지만 해도 룰라가 당선되리라고 확신했던 당원들을 낙담시켰다. 콜로르 정부의 임기 첫 2년 동안 노동당은 다른 야당과 함께 콜로르 정부에 대해 효과적으로 반대하는 데 방어적이고 무능한 것으로 입증됐다.

1990년 의회 선거에서 노동당은 하원에서 의석수를 늘리고 상원에서 첫 번째 의석을 차지했다. 그러나 노동당은 주지사 선거에서 단 한 주에서만 가까스로 승리에 다가섰다. 노동당 후보로 나선 호르헤 비아나(Jorge Viana, 1959-)는 전국 고무 채취 노동자협의회와 지역 풀뿌리 조직의 지원으로 운영되는 아크리기술지원재단(Fundação de Tecnologia do Acre, FUNTAC) 소속 삼림 관리자로, 2차 결선투표에서 우익 사회민주당

---

* PFL은 1985년 '자유전선당'이라는 이름으로 창당되었다. 이는 1964년 군사 쿠데타가 발발한 지 21년 후 탄크레도 네베스를 대통령으로 선출한 사회민주당에 반대한 결과다.

(Partido Democrático Social, PDS) 후보에게 패했는데 그곳이 바로 아크리다.

대통령 선거 패배와 1990년 주지사 선거에서 보인 당의 부진, 포르투 알레그리와 상파울루, 비오토리아(Vitória)의 시정 경험과 유럽의 사회주의 붕괴로 인한 전략 재평가 등이 노동당을 쇄신으로 이끌었다.

1991년 11월, 노동당 당원들은 당을 이끈 의회에서 콜로르 정부에 대한 반대 의견을 제공하고, 공동 좌파 후보와 함께 1992년 11월에 있을 지방선거에 맞서기 위해 다른 정당들과 함께 진보적인 중도 좌파 조직을 구축하는 데 집중하기로 의견을 모았다.

2장

투쟁하는 방법을 배우다

　윌슨 피녜이루가 브라질레이아 노동조합의 회장으로서 우리에게 길을 열어주면서 우리의 저항운동은 브라질 전역으로 퍼져나갔다. 1978년과 1979년은 이 과정에서 특히 중요한 시기였다. 당시의 활동은 브라질레이아의 노조를 가장 영향력 있는 노조 중 하나로 만들었다. 전국농업노동자연맹도 이를 알아차릴 정도였다.

　1979년에 윌슨 피녜이루는 300명의 고무 채취 노동자 무리를 이끌고 아마조나스주의 보카 도 아크리(Boca do Acre)로 가서 불법 거주자를 위협하는 무장 용병 무리를 쫓아냈다. 고무 채취 노동자들은 칼과 낫만 들고 있었지만, 총잡이들을 무장 해제시킨 다음 20정 이상의 소총을 압수할 수 있었다. 그들은 히우브랑쿠로 돌아온 후 소총을 지역 육군 부대에 넘겼으나, 부대의 사령관은 그들에게 화가 나서 그 지역을 또 다른 쿠바로 만들 셈이냐며 비난했다. 하지만 윌슨은 이렇게 대답했다. "아니오, 우리는 이곳이 또 다른 쿠바가 되지 않도록 싸우고 있는 것입니다."

폭력의 소용돌이 안에서

윌슨이 주도한 사건은 사람들에게 깊은 인상을 남겼지만 지주들은 걱정에 빠졌다. 해당 지역 지주들은 1980년 6월, 고무 채취 노동자들이 조직한 저항 세력에 대응하기 위해 비밀회의를 열었다. 그들은 윌슨 피녜이루와 샤푸리의 지도자—어쩌면 나 자신일 수도 있었다—를 죽이자고 결론지었다. 지주들은 이런 식으로 노동자들을 협박하여 그들의 저항을 멈추게 하고, 숲을 계속 개간할 수 있게 되기를 바랐다.

그들은 각각 400,000크루즈(약 3,300파운드)를 지불하고 무장 용병 두 명을 고용했다. 1980년 7월 21일 밤, 용병 중 한 명은 브라질레이아에 있는 우리 사무실로 향했고 저녁 7시 30분에 노동조합 사무실에서 윌슨 피녜이루를 사살했다. 또 다른 청부업자는 샤푸리로 향했지만, 명단에 있는 사람들을 찾지 못했다. 다행히도 우리 모두 주루아계곡(Juruá Valley)에서 열린 노조 모임에 참석하고 있었기에 죽음을 피해갈 수 있었다.

노동자들은 윌슨의 죽음에 대해 진심으로 분노했다. 우리는 경찰이 수사에 착수할 수 있도록 노력했으며, 무엇이라도 진행되기를 바라는 마음으로 7일이라는 시간을 제안했다. 그러나 불행히도 법은 눈이 멀었다. 우리는 여전히 독재정권하에 있었고, 범죄의 진상규명에 관심을 보인 유일한 경찰은 국가안보 장관에 의해 해임되었다.

7일째 되는 날 고무 채취 노동자들은 경찰이 아무것도 하지 않으리라는 사실을 깨달았다. 그들은 분노한 채 브라질에서 약 80킬로미터 떨어진 사유지로 가서 윌슨의 암살을 계획한 것으로 알려진 지주 중 한 명을 붙잡았다. 그는 윌슨을 죽이는 음모에 가담했다는 것이 확실했다. 노동자들은 그를 즉결 재판에 넘겼고 총살형을 선고했다. 그 지주는 약 30-40개 정도의 총알을 맞고 사망했다.

노동자들은 그들의 지도자인 윌슨의 죽음에 대해 부분적으로나마 복수했다고 생각했기에 더는 복수를 계획하지 않았다. 그러자 이번에는 경찰이 발 빠르게 대처했다. 하루도 지나지 않아 고무 채취 노동자 수십 명이 체포되어 고문을 당했다. 그들 중 일부는 펜치로 손톱을 뜯겼다. 도대체 어떻게 이런 일들이 발생할 수 있었을까? 이 모든 것은 노동자들이 부유하고 권력 있는 사람들이 저지른 범죄에 직접 대응한 결과였다.

어떤 면에서 노동자들의 투쟁은 브라질레이아에서 패배한 셈이다. 핍박은 우리를 움츠러들게 했다. 하지만 저항은 계속되어야 했기에 이번에는 조직적 기반을 갖춘 샤푸리를 중심으로 진행했다. 샤푸리 노조는 1977년 4월에 엄청난 희생정신에 의해 결성되었다. 지역교회와 중산층 사람들 및 지역 당국이 엄청난 압박을 가했지만, 고무 채취 노동자들의 움직임을 멈추게 할 수는 없었다. 우리는 현재의 상황이 달라지기를, 모든 억압과 위협에서 벗어나기를 간절히 열망했다. 그렇게 모든 일은 아주 천천히 시작되었다. 삼림 벌목 시도에 맞서기 위해 고무 채취 노동자들을 조직화하는 작업도 다시 시작되었다.

샤푸리에서 우리는 한 가지 특정 사항을 염두에 두고 활동했다. 우리는 브라질레이아에서 일어난 일이 또다시 반복되지 않도록 저항운동에 대해 논의하고 준비하는 과정에 훨씬 더 많은 사람을 참여시키고 싶어 했다. 윌슨은 브라질레이아에서 중앙 집중식 운동을 전개했는데, 이 방식은 그가 살해당한 후 저항운동이 상당히 침체되는 데 하나의 원인으로 작용했다. 따라서 우리는 이곳 샤푸리에서는 풀뿌리 조직을 개선하여 운동역량을 더 강화하기로 중지를 모았다.

변화하려면 교육해야 한다

그 이후부터 샤푸리 고무 채취 노동자들은 그들만의 방법으로 삼림 벌목에 투쟁했다. 샤푸리 노동조합은 대중교육을 이용해 조직의 수준을 높이고, 더 많은 사람을 만나 운동에 참여하도록 장려했다. 우리는 노동자들 스스로가 자신이 처한 상황을 충분히 이해하지 못했기에 많은 문제에 맞닥뜨려왔음을 인지해야 했다. 즉 고무 채취 노동자들은 학교를 포함해 아무 가르침도 받지 못하는 상황에서 수백 년 넘게 노예처럼 일해왔기에 고무 농장 소유주들에 의해 세뇌당하기가 너무나 쉬웠다. 그 결과 노동자들은 노예 같은 사고방식을 유지하도록 길들여졌고 투쟁에 별로 관여하고 싶어 하지 않았다.

문제는 교육이었다. 우리는 1979년에 처음으로 교육사업을 시작했다. 그리고 1982년부터는 노동자들의 관심사와 삶을 다룬 대중교육사업을 제대로 진행하기 시작했다. 교육의 모든 과정은 더디게 진행되었지만 이로 인한 변화도 차츰 일어나기 시작했다. 마침내 고무 채취 노동자들이 자신을 둘러싼 환경과 여러 사건에 대해 더 많이 더 자주 생각하게 된 것이다. 이렇게 변화하는 모습을 보면서 우리는 교육사업을 우리의 영원한 과업 중 하나로 여기게 되었다. 파울루 프레이리 및 전(全) 기독교 문서 및 정보 센터(Centro Ecumênico de Documentação e Informação, CEDI)와 관련된 사람들이 만든 문해 프로그램도 사용했다. 다행스럽게도 우리가 투쟁을 강화하려는 목적과 교육 프로그램을 개발하는 목적은 일치했다.

고무 채취 노동자 프로젝트(Projeto Seringueiro)는 전국 고무 채취 노동자협의회가 만든 프로젝트로 노동자가 숲과 깊이 교감하고, 숲을 이해하고, 숲에 대해 많이 배우며, 더 나아가 숲을 보호하는 활동까지 하는 것을 목표로 삼는다. 느린 과정이기는 하지만, 우리 모두는 이를 통해 서서히 성장하고 발전하고 있었다.

처음에는 성인만을 대상으로 한 프로그램을 진행했다. 그러나 성인 노동자들에겐 일과를 마치고 공부하는 일이 여간 어려운 게 아니었다. 피곤해서 공부하기가 힘들다고 불평하는 사람도 많았다. 그러면서 그들은 늙은 자신들보다는 자녀들에게 공부할 기회를 주는 편이 더 낫지 않겠냐고 말했다. 옳은 지적이었다. 고무 채취 노동자들은 이런 식으로 교육팀을 설득했고, 팀은 아이들을 위한 자료를 모으기 시작했다. 아이들은 학교에서 그간 우리가 벌여온 엠파치 행동에 대해 배우고 종종 여기에 참여할 권리를 주장하기도 했다!

이 모든 과정은 샤푸리 투쟁에서 이미 중요한 역할을 하고 있었다. 이를테면 샤푸리의 첫 번째 채굴 보존 지역(혹은 개발 보호구역)인 카쇼에이라(Cachoeira, 일명 '여울'이다)에서 거둔 승리는 우리 조직의 수준이 높아진 결과였다. 물론 교육 활동의 덕분이기도 했다.

우리는 학교를 설립하기 시작했을 때 국제기관들에 재정 지원을 요청했고 그중 옥스팜이 우리를 도와주었다. 같은 시기에 지주들은 우리가 게릴라 군대를 조직하기 위해 모스크바로부터 재정 지원을 받고 있다고 보안군에게 가짜뉴스를 퍼뜨렸다. 그 바람에 보안군의 주둔 병력이 증원되어 적어도 1983년까지 매우 어려운 상황을 견뎌야 했다. 그러나 보안군은 지주들의 주장이 사실이 아니라는 것을 곧 알아채고 우리가 작업을 계속할 수 있도록 내버려두었다. 우리는 지주들의 어떤 위협에도 굴복하지 않았다. 보안군이 개입하는 상황이 벌어지자 우리가 올바른 길을 가고 있음을 더욱더 확신하게 되었다.

그 후 작업은 순조롭게 진행되었다. 샤푸리 지역에는 이제 18개의 학교가 설립되었다. 우리는 아마존 전역에 있는 고무 채취 노동자들이 우리와 같이 학교를 설립할 수 있도록 우리의 경험을 나누고 싶었다. 교육 프로그램은 분명 우리의 투쟁에 큰 변화를 불러일으킬 것이다.

우리는 전(全) 기독교 서비스 네트워크(Coordenadoria Ecumênica de Serviços, CESE)로부터 받은 보조금을 가지고 프로그램 운영팀에 돈을 댈 수 있었다. 또한 그즈음에는 교사 대부분이 정부로부터 급여를 받을 수 있게 되었는데, 이는 우리가 교육부 장관에게 압박을 넣었기 때문이다.

작년에 우리는 브라질리아 교육부와 협약을 체결해 정부 기금을 가지고 자체적으로 학교를 설립했다. 그리 많은 돈은 아니었다. 12개 학교에 약 1,164,000크루즈(16,000파운드)를 지원하는 내용이었다. 공동체에 속한 모든 사람이 힘을 보탠 덕분에 이루어낼 수 있었던 소기의 성과였다. 교육부 관계자들은 완성된 학교를 보고 놀라움을 금치 못했다. 전에도 다른 학교를 시찰하러 간 적이 있었지만 이런 학교는 본 적이 없다고들 말했다. 그들이 이야기하기로 다른 지역의 경우 우리보다 훨씬 더 많은 예산을 투입했지만, 우리가 한 것의 3분의 1도 진행하지 못했다는 것이다.

정부가 준비하고 진행하는 작업에는 한계가 있을 수밖에 없다. 정부는 노동자들의 정치의식을 높이는 데엔 관심이 없었다. 노동자들이 정치적으로 각성하게 되면 그들 스스로 자립하리라는 것을 너무도 잘 알고 있었기 때문이다. 하지만 우리의 교육 활동은 긍정적인 영향을 발휘하고 있었음이 틀림없다. 조합을 발전시키고, 삼림 파괴에 대한 투쟁을 지속하고, 노동조합을 조직하고, 나아가 조합의 수준을 끌어올리는 데 이르기까지 어느 하나 교육 프로그램의 영향을 받지 않은 것은 없었다.

대안을 찾아서

우리는 삼림 벌목에 저항하는 투쟁을 마치 전쟁하듯 치르고 있었다. 그러다 보니 문득 걱정스러운 깨달음의 순간이 찾아왔다. 투쟁은 하고 있지만, 막상 숲의 미래나 숲의 발전 방향에 대한 다른 대안을 갖고 있지 않았다는 데 생각이 미친 것이다. 우리에게는 숲을 지키려는 여타 활동들을 정당화해주는 강력한 논거가 없는 셈이었다.

전국 고무 채취 노동자협의회는 아마존 숲 개발에 대한 대안을 고안해야 한다는 필요성을 인지하면서 탄생했고 성장했다. 이에 따라 샤푸리 노동조합원들은 고무 채취 노동자 전국 회의를 조직하고 브라질리아에 갈 고무 채취 노동자 위원회를 꾸리는 아이디어를 생각해냈다. 우리는 이 위원회들이 아마존 지역 전체를 대표해야 한다고 결정했고, 이에 대해 사회경제 연구소(Instituto de Estudos Sócio-Economics, INESC) 브라질리아 지부에서 일하던 마리 알레그레티(Mary Helena Allegretti)*는 좋은 아이디어라며 동의했다. 나는 1985년 5월에 브라질리아로 가서 문화부의 국가문화유

산부서 관계자들과 회의를 진행했고 그들에게 고무 채취 노동자 전국 회의를 소집할 수 있도록 재정 지원을 요청했다. 마침내 사회경제 연구소, 국가문화유산 기구, 그리고 옥스팜을 비롯한 기타 조직에서 비용을 부담해주겠다는 약속을 받아냈다.

브라질리아에서 열린 제1회 고무 채취 노동자 전국 회의는 그간 우리가 갖은 노력을 기울여온 데 대한 모종의 성과였다. 왜 브라질리아인가? 브라질리아는 국가의 의사결정을 관장하는 중심 지역이다. 그리고 대부분의 정부 관계자들은 아마존 지역을 하나의 커다란 텅 빈 정글로 여겼다. 따라서 우리는 어떻게든 아마존에 실제로 사람이 살고 있다는 것을 보여주어야 했다. 그 울창한 숲에 매일의 삶을 일구어나가는 사람들이 있다는 것을 말이다.

이 회의의 핵심은 숲의 발전 방향에 대한 대안을 고안하는 조직을 설립하거나, 최소한 조직을 구성하려고 시도할 기회를 제공한다는 점에 있었다. 그리고 위에서 언급했듯이 그 대안은 삼림 벌목에 맞서 싸우는 우리의 저항운동을 정당화하고 강화해줄 것이다.

고무 채취 노동자 전국 회의는 1985년 10월에 개최될 예정이었다. 나는 브라질리아에서 돌아온 후, 마리와 함께 노동조합 대표와 고무 채취 노동자 프로젝트 및 기타 단체들로 이루어진 조직위원회를 구성했다. 마리는 브라질리아 변두리에서 위원회의 체계를 다지며 시간을 보냈다. 그리고 몇몇 동료를 뽑아 아마존에서 전략적으로 중요한 지역에 사는 고무 채취 노동자들을 찾아가 그들이 전국 회의를 어떻게 받아들이고 있는지, 함께할 의향이 있는지, 참석한다면 어떤 이야기를 할지 논의해보도록 했다.

1985년 10월, 우리는 최종적으로 아마존 전체 지역에서 고무 채취 노동자 130명을 모았다. 브라질의 나머지 지역과 해외에서 온 참관인도 있었다. 회의에서 논의한 결과, 아마존을 채굴 보존 지역으로 지정하자는 제안이 나왔다. 이 제안을 통해 우리가 진행했던 삼림 벌목 반대 투쟁을 뒷받침하면서도 경제적 발전을 포기하지 않을 수 있는 대안 모델을 찾게 되었는데 이런 과정을 통해서 아이디어들이 하나둘 실현될 조짐을 보였다. 그리고 바로 그때부터 고무 채취 노동자의 투쟁이 전 세계에 알려지기 시작했다.

우리는 여러 정부 부처 및 호의적인 태도를 보이는 기관과 회의를 했고, 곧 첫 번째 실무 그룹이 만들어져 아마존을 채굴 보존 지역으로 만들자는 제안을 두고 논의를 진행했다. 채굴 보존 지역 아이디어는 정말 호응이 좋았다.

그와 동시에 우리는 1989년 3월 하반기에 열릴 예정인 제2차 전국 고무 채취 노동자협의회 전국 회의를 준비했다. 회의에서는 1985년에 선출된 임시 집행부를 대신할 새로운 집행부를 선출할 예정이었다. 그렇다, 전국 고무 채취 노동자협의회는 이제 현실이 되었다.

깊이 읽기6   고무 채취 노동자 프로젝트

고무 채취 노동자 프로젝트는 1980년에 시작되었다. 프로젝트는 노동조합의 진흥과 더불어 외부 관계자 없이 조합을 관리할 수 있도록 고무 채취 노동자의 자신감과 이해를 높이는 일이 가장 중요하다는 점을 인지하고 있었다. 이를 위해 관련자들은 노동조합의 재정 문제를 처리하기 위해 노동자들에게 문해력과 수리력을 함양하도록 가르쳤다.

전(全) 기독교 문서 및 정보 센터가 고안한 문해 프로그램은 처음부터 프로젝트의 핵심이었다. 단체에서는 앞으로 지역민들을 가르칠 수 있는 능력이 있다고 판단되는 이들을 선발하여 문해력 향상 훈련을 시켰다. 이들은 훈련을 마친 후 돌아와 지역사회의 다른 구성원들을 가르쳤다. 초기 지원은 옥스팜에서, 이후에는 전(全) 기독교 서비스 네트워크에서 제공했다.

이후 연방정부는 문화부의 국립유산재단을 통해 이 프로젝트를 지원했고, 주 정부의 교육 부서는 급여와 운영 비용 일부를 제공했다. 그러나 시간이 지날수록 한편에서는 고무 채취 노동자와 프로젝트 사이에서, 그리고 다른 한편에서는 고무 채취 노동자와 당국 사이에서 종종 긴장 관계가 발생했다. 이 프로젝트는 처음부터 샤푸리 농촌 노동조합과 긴밀하게 협력해왔다.

깊이 읽기 7   카쇼에이라 승리의 두 얼굴

카쇼에이라는 샤푸리 외곽 숲에 있는 고무 농장의 이름이다. 치코 멘데스가 자라서 고무 채취 노동자로서 인생을 시작한 곳이기도 하다. 치코는 10대부터 30대 초반까지 카쇼에이라에서 일했는데, 그는 대부분 시간을 농촌 노동조합 일에 쏟아부었다.

1987년에 달리 알베스 다 실바(Darli Alves da Silva)가 카쇼에이라 농장 일부를 인수했다. 달리는 유인책과 위협으로 여러 세대에 걸쳐 사유지에 살며 일해온 고무 채취 노동자 60가구를 몰아내려고 했다. 치코 멘데스는 고무 채취 노동자들에게 농장에 거주할 수 있는 권리를 찾아주기 위해 갖은 노력을 기울였다. 1988년 5월, 에콰도르 고무 농장에서 청년 2명이 총격을 당하고, 6월 이바르 히지노 데 알메이다(Ivair Higino de Almeida)가 암살되자 연방정부는 채굴 보존 지역 세 곳에 대한 수용 명령에 서명함으로써 상황을 진정시키려 했다. 그중 하나가 카쇼에이라다. 이때 고무 채취 노동자에게 토지 25,000헥타르가 할당되었다.

이는 고무 채취 노동자에게는 승리였지만 동시에 치코에게는 사형 선고였다. 달리 알베스 가족이 패배에 대한 복수로 치코를 응징하겠다고 마음먹었기 때문이다. 치코를 죽이려는 시도는 조직적으로 이루어졌고 결국 그는 1988년 12월 22일 살해당했다.

깊이 읽기8   브라질리아 회합

아크리와 아마조나스(Amazonas) 및 혼도니아(Rôdonia)의 17개 농촌 노동조합과 고무 채취 노동자 조직을 대표하는 100명 넘는 노동자들이 회의에 참석하기 위해 브라질리아를 방문했다. 대다수 노동자에겐 이 일이 지역 밖으로 떠난 첫 번째 여행이었다. 더러는 집 바깥으로 처음 나간 여행이기도 했다. 한 여성은 회의에 참석하기 위해 어떤 여정을 거쳤는지 설명해주었는데, 매우 감동적이었다. 이틀은 카누를 타고 주타이강을 내려왔고, 이틀은 보트를 타고 아마존강을 따라 마나우스로, 나머지 하루 동안 버스로 포르투벨류(Porto Velho)까지 이동한 후 다른 참가자들과 함께 브라질리아로 가는 버스에 탑승하여 이틀간 더 이동했다는 것이다. 이전에 그녀는 주타이강 너머로 발을 디뎌본 적이 한 번도 없었다고 했다.

산업통상자원부와 교육부, 보건부, 농업부, 농업개혁부, 문화부 관계자들과 전국의회 의원들도 참석했다. 회의의 최종 문서에는 아마존 개발 정책과 농업 개혁, 고무 정책과 식품 정책, 건강, 교육 및 문화, 연금 및 사회보장과 관련된 요구 사항 63개가 나열되어 있었다. 처음 두 가지는 다음과 같다.

"우리는 고무 채취 노동자의 이익을 충족하고 우리의 권리를 존중하는 아마존 개발 정책을 요구한다. 우리는 노동자를 착취하고 학살하는 행위와 자연을 파괴하는 대기업 중심의 아마존 개발 정책을 원하지 않는다."

"기술이 우리에게 도움을 주고 우리의 지혜를 무시하지 않는다면, 우리는 기술에 반대하지 않을 것이다."

깊이 읽기 9   숲이라는 세계

열대우림에 다양한 생물이 살 수 있는 이유는 열대우림의 나이가 많기 때문이다. 진화는 지난 6천만 년 동안 열대우림에서 진행되었고, 열대우림은 지구상에서 가장 오래된 공동체가 되었다. 열대우림만의 특별한 풍요로움과 다양성은 덥고 습한 기후 덕이기도 하다. 기온이 어는점까지 결코 떨어지는 일이 없기에 모든 유기체가 1년 내내 꾸준히 성장하고 번식할 수 있다.

생존은 극한의 추위나 가뭄을 견디는 게 아니라 자신이 유지할 수 있는 생태학적 틈새를 찾는 데 있다. 아마존의 기후는 이러한 틈새를 풍부하게 제공한다. 진화에서 드러나는 수중 생물에서 육상 생물로의 이행도 아마 따뜻하고 습한 조건에서 발생했으리라.

열대우림은 일반적으로 수중 생물이 물 밖에서 살 수 있는 지구상의 유일한 장소다. 한 가지 환경에 고도로 특화된 종에는 단점이 하나 있다. 특정한 조건에 의존하기 때문에 환경이 교란되면 멸종될 가능성이 가장 높아진다는 점이다.

미국은 토착민과 소작농들이 숲 전체에 흩어져 있는 나무에서 수집한 브라질너트를 매년 1,600만 달러 이상 수입한다. 몇 년 전 한 기업가는 농장에서 호두를 재배하는 것이 더 효율적이라고 결정했다. 그래서 농장에 호두나무를 심었고, 이들은 잘 자라서 꽃을 피웠다. 하지만 기대했던 결과는 나오지 않았다. 브라질너트가 어떻게 수분*되는지 정확히 아는 사람은

---

* 종자식물에서 수술의 화분(花粉)이 암술머리에 옮겨붙는 것. 바람, 곤충, 새, 또는 사람의 손에 의해 이루어진다.

없지만, 농장에 없는 특정한 종의 꿀벌과 난초의 조합으로 수분이 이루어지는 것이라고 추측했다.

숲이 있는 땅에서 숲을 빼면, 몇 가지 예외를 제외하고는 척박한 흙만 남겨진다. 왜 그럴까? 부분적으로는 토양이 너무나 오래되었기 때문이다. 토양은 공기와 물, 분해된 식물 및 부서진 암석의 혼합물이다. 토양의 비옥도는 토양을 형성한 암석의 질과 나이에 크게 좌우된다.

아마존 분지는 수십억 년 된 고대 암석 덩어리 두 개인 브라질과 가이아나 대륙괴(Guiana Shield)* 사이에서 발달했다. 이 두 대륙괴는 지구상에서 가장 오래된 암석층 중 하나로, 여기 토양은 고대의 풍화되고 비옥한 토양에서 나온 것이다. 아마존 분지의 토양 중 6퍼센트만이 농업에 적합하다.

열대우림은 동일한 영양소를 계속해서 재활용하는 폐쇄적 시스템에 의해 유지된다. 잎도 나뭇가지도 시들어 땅에 떨어지자마자 썩기 시작한다. 이때 미생물이 잔해에 침투해 부패 과정을 촉진하는데, 몇몇 특수한 뿌리들은 그 즉시 영양분을 흡수하도록 돕는다.

열대우림에서는 대개의 영양분이 위에서 아래로 내려온다. 그래서 열대우림에서 자라는 나무들은 숲 바닥에 퍼진 잔뿌리, 일명 '먹이 뿌리'를 갖고 있다. 열대우림 토양은 종종 이런 잔뿌리와 곰팡이, 부식질, 박테리아 및 기타 미생물로 이루어진 두꺼운 해면질 덩어리로 덮여 있다. 이것은 두께가 16인치나 되는, 마치 갓 깔아놓은 잔디 매트처럼 보이는데, 나뭇잎이나 가지들은 여기서 스스로 분해되어 천천히 영양분을 공급하는 비

---

* 대륙의 성질이나 변동을 논할 때, 대륙을 하나의 큰 덩어리로 이르는 말이다. 가이아나 대륙괴는 남미 판대륙의 3개 대륙괴 중 하나다. 북해안의 일부를 형성하는 남아메리카 북동부에 있는 17억 년 된 선캄브리아기 지질학적 지층이다. 대륙괴의 더 높은 고도는 테푸이스라고 불리는 탁자 같은 산이 있는 기아나고원이라고 한다. 기아나 고지대는 엔젤스폭포와 쿠케넌폭포, 카이터폭포와 같이 세계에서 가장 유명한 폭포의 원천이기도 하다.

료 역할을 한다.

열대우림의 윗부분은 지붕이나 우산의 역할을 한다. 비로부터 토양을 보호하고 침식 및 산사태를 방지한다. 뿌리는 스펀지처럼 비를 흡수하고 천천히 습기를 방출한다. 이런 식으로 숲은 계절마다 찾아오는 극단적인 변화를 어느 정도 고르게 하여 세계 주요 강으로 빗물을 일정하고 적당하게 흐르도록 조절한다.

따라서 숲이 제거되면 이 같은 조절 효과는 사라질 것이다. 우기에 몰아닥치는 열대성 폭풍의 힘은 더욱더 강력해질 것이며, 비가 오지 않아 건조한 달을 견디게 해줄 물 비축량도 남아나지 않게 될 것이다. 이처럼 삼림 벌목은 잔인한 아이러니와 함께 홍수와 가뭄을 가져올 것이 자명하다.*

---

* Catherine Caulfield, 『In the Rainforest』, Heinemann, London, 1985.

3장

단단한 관계망을 형성하라

　아마존의 미래를 지키려면 숲을 보존하는 것과 동시에 지역 경제를 발전시키는 방법 또한 강구해야 한다는 것을 우리는 깨달았다.
　우리는 아마존 문제를 어떻게 받아들이고 있었던가? 아마존을 누구도 접근하지 못하는 일종의 보호구역으로 바꿀 수 없다는 것은 이미 알고 있었다. 하지만 다른 한편으로는 아마존은 물론 지구상의 모든 인류에게 위협이 되는 삼림 벌목을 막는 일 역시 중요하다는 것도 알고 있었다. 그래서 우리는 숲을 보존할 뿐만 아니라 경제 발전을 도모할 수 있는 방법까지 계획에 넣어야 했다. 채굴 보존 지역이라는 개념은 바로 이런 고민에서 나온 것이다.
　채굴 보존 지역이란 무슨 개념일까? 이것은 토지의 소유권은 공공에 있을지라도 그 땅에 사는 고무 채취 노동자와 다른 노동자들은 그곳에서 계속 살고 일할 수 있는 권리를 가진다는 의미이다. 내가 '다른 노동자들'이라고 표현한 이유는 숲에 고무 채취 노동자만 있는 게 아니기 때문이다. 우리가 사는 곳에서는 고무 채취 노동자가 브라질너트도 수확하지만, 아마존의 다른 지역에서는 호두, 바바수, 황마와 같은 단일 품종만을 수확하며 생계를 유지하는 사람들도 있다.

여기서 질문이 하나 등장한다. 우리가 정말로 추구하고자 한 것은 무엇인가? 바로 온갖 위협을 무릅쓰고라도 더 좋은 시장 환경에서 고무를 판매하기 위해, 그리고 더 합당한 가격을 보장받기 위해 싸우는 것이다. 우리는 견과류를 수확하는 사람들을 위해서도 보다 나은 유통·판매 정책과 작업환경이 조성되기를 원한다. 사실상 숲에는 이외에도 다른 천연자원이 무한히 많기에 우리는 정부가 앞장서서 이 자원들을 산업화하고 유통·판매를 장려해주기를 바랐다. 그러나 정부는 여태까지 다른 산림 생산물에 대해서는 신경도 쓰지 않았다.

생각해볼 만한 다른 주제들도 있다. 가령 자원을 합리적으로 활용함으로써 지속 가능한 어업 발전이 이루어질 수도 있을 것이다. 숲에 서식하는 다양한 식물 또한 중요한 자원이다. 그 안에 함유된 의약 성분만 연구해도 국가에 큰 이익을 가져다줄 게 틀림없다. 아크리뿐 아니라 브라질 전역에 있는 대학들도 아마존 지역을 연구하는 데 시간을 할애해야 한다. 실제로 이런 연구개발이 이루어지고 정부가 이 모든 과업을 진지하게 받아들인다면, 아마존 지역은 10년 안에 매우 부유해지고 국가 경제에서도 중요한 역할을 감당하게 될 것이다.

우리가 어쩌다 전국 고무 채취 노동자협의회를 설립하게 되었는지 궁금해하는 사람이 많다. 사실 우리는 고무 채취 노동자협의회라는 조직이 있다는 것을 이미 알고 있었다. 하지만 이 조직은 말만 노동자협의회일 뿐 실은 고무 채취 노동자가 아닌 지주와 사업가의 이익을 대변하고 있었다. 바로 이 부분에서 발상의 전환이 일어났다. 그렇다면, 기존의 모든 관료체제를 견제할 수 있는 세력을 조직하고, 정부가 자행하는 고무 채취 노동자에 대한 착취 행위를 우리가 막아보면 어떨까 하는 것이었다. 이렇게 하여 우리는 마침내 제1차 전국의회에서 전국 고무 채취 노동자협의회를 구성하고 임시 집행위원회를 선출하게 된 것이다.

전국 고무 채취 노동자협의회는 여타 노동조합과 유사한 역할을 하면서 기존의 노동조합(예를 들면 샤푸리 농촌 노동조합)을 대체하는 조직이 아니다. 오로지 고무 채취 노동자들만을 대상으로 한 조직이다. 노동조합들의 규모가 커지는 것은 우리에게도 매우 중요한 일이었다. 하지만 고무 채취 노동자들과 달리 일용직 노동자를 포함한 다른 농업 노동자들은 이미 같은 조합에 소속되어 있었다. 이런 배경 때문인지 그들의 요구 사항은 인정되었다. 하지만 고무 채취 노동자들의 경우는 이야기가 다르다. 사람들은 마치 고무 채취 노동자들이 과거의 이야기 속에만 존재했던 것처럼 여겼다. 이미 다 지나간 일이라는 듯 말이다. 전국 고무 채취 노동자협의회를 만든 이유 중 하나가 바로 여기에 있었다. 고무 채취 노동자들은 현존하는 사람들이며, 그들은 아마존 숲을 보호하는 매우 중요한 가치관을 지니고 이 목적을 실현하기 위해 싸우는 특수한 노동자 집단이라는 것을 알리려고 말이다. 우리의 아이디어는 매우 성공적이었다.

인디언 토착민들

우리는 아크리에서 토착민 지도자들을 찾아가 그들 각자가 진행하던 저항운동을 통합하는 방법에 대해 논의하고 싶었다. 토착민과 고무 채취 노동자는 수 세기에 걸쳐 서로 대립해왔기 때문이다. 노력한 결과 마침내 아크리에서 고무 채취 노동자 지도자와 토착민 지도자의 만남이 성사되었다. 이 회합에서 양측은 그 어느 쪽도 오늘날의 대립 구도에 책임질 필요가 없다는 결론을 내렸다. 이 모든 불화의 원인은 우리 모든 노동자를 이용한 고무 농장 소유주와 금융인, 그리고 힘 있는 이익 단체에 있었다.

사람들은 문제의 핵심을 매우 빨리 이해했다. 1986년 초부터 숲에 사는 사람들 사이에 맺어진 동맹은 점점 더 힘이 강해졌다. 그리고 토착민과의 관계 역시 이때를 기점으로 더욱더 돈독해졌다. 예를 들어 타라우카(Tarauacá) 고무 채취 노동자 회의에는 토착민 200명이 참석했는데, 그중 여섯 명이 타라우카 고무 채취 노동자 위원회로 선출되었다. 토착민은 이제 전국 고무 채취 노동자협의회 조직위원회에도 적극적으로 참여하기 시작했다. 크루즈 남부(Cruzeiro do Sul)에서는 200명 정도의 토착민이 투쟁에 적극적으로 참여했고 우리가 진행한 엠파치에도 합류했다.

우리가 세상에 내놓은 제안들은 이제 비단 고무 채취 노동자에게만 해당하는 게 아니라 토착민 모두에게도 해당하는 문제가 되었다. 그들과 우리가 함께 만드는 것이 될 것이다. 사실 우리의 투쟁은 곧 숲에 사는 모든 사람의 투쟁이었다.

이런 일도 있었다. 농무부 장관은 사무실에서 토착민과 고무 채취 노동자로 구성된 공동 위원회를 만난 자리에서 무척 놀라는 것 같았다.

"이게 대체 어떻게 된 일인가요?"

그는 말했다.

"토착민과 고무 채취 노동자는 지난 세기부터 서로 치고받고 싸워왔는데 어떻게 이런 일이 있을 수 있습니까? 오늘 이 자리에 당신들이 함께 모인 이유가 뭡니까?"

우리는 그에게 이제는 상황이 바뀌었고, 이는 곧 아마존을 지켜내기 위한 연대이며, 함께하는 투쟁이 더 강해졌음을 의미한다고 말해주었다. 그때부터 놀라운 일이 벌어졌다. 사람들이 정말로 변화에 주목하기 시작한 것이다.

저항이 들불처럼 번지다

우리의 저항운동은 고무 채취 노동자 운동의 최전선이라고 할 수 있는 샤푸리에서 시작되었다. 하지만 목표는 아마존 지역 전체에 저항운동을 퍼뜨리는 것이다. 브라질레이아와 아크리, 혼도니아, 아마조나스, 아마파(Amapá)의 모든 주에서 온 고무 채취 노동자부터 파라의 유일한 고무 채취 노동자 집단의 대표에 이르기까지 모든 노동자가 제1차 전국회의에 참석했다.

우리는 특히 브라질레이아와 아시스 브라질(Assis Brasil)의 고무 채취 노동자들을 조직하는 데 정성을 쏟았다. 인근에 BR 364도로를 포장하는 계획과 태평양 연결 도로 건설 계획이 예정되어 있었기 때문이다. BR 317도로 역시 마찬가지 상황이었다. 도로포장이 뜻하는 바가 무엇인가? 도로를 포장하게 되면 점점 더 많은 토지투기 현상이 일어날 것이고, 지주들은 도로 근처의 땅을 제 것으로 만들기 위해 혈안이 될 것이다. 우리는 그 사실을 잘 알고 있었다. 브라질레이아와 아시스 브라질의 노동자 조직 이후 우리는 고무 채취 노동자들이 거의 노예에 가까운 상태로 착취당하며 일해야 했던 주루아계곡에서 운동을 조직하는 데 관심을 돌렸다.

당시 혼도니아의 숲은 파괴 속도가 빨라지고 있었기에 우리는 그곳에 하루빨리 고무 채취 노동자들의 조직을 만들어야 했다. 좀 더 멀리 떨어진 아마조나스주의 강 유역에서는 풀뿌리 조직을 육성하는 작업이 상당히 진척되는 중이었다. 그러나 초기에 저항운동이 가장 빠르게 성장한 곳은 누가 뭐래도 아크리계곡이었다.

지원군을 찾아서

우리의 가장 큰 자산은 국제 환경 로비 단체와 국제 언론이었다. 유감스러운 일이지만 우리는 국내보다 해외로부터 더 많은 지원을 받았다. 사실은 그 반대여야 했지 않을까? 그러나 우리의 활동은 국제적으로 먼저 인정을 받은 뒤에야 국내의 나머지 지역으로부터 지원을 받을 수 있게 되었다. 국제 환경 단체들이 브라질 정부에 압력을 행사했기 때문이다.

전반적으로 우리의 운동과 다른 노동자 조직 간의 연결고리는 매우 약한 편이었다. 그러나 우리는 토지 없는 노동자 운동(Movimento dos Trabalhadores Sem Terra, MST)처럼 최근에 등장한 조직과는 비교적 좋은 관계를 맺고 있었다. 더욱이 브라질 노동자 중앙회와는 강한 유대 관계를 형성하고 있었다. 덕분에 이들이 진행한 세 번째 전국의회(1988)에서는 아마존 지역을 방어하기 위해 숲 거주자들의 가담을 요구하는 샤푸리 노동조합의 제안이 만장일치로 채택되었다.

하지만 전국농업노동자연맹과는 그리 좋은 관계를 맺지 못했다. 따라서 지원도 많이 받을 수 없었다. 그럼에도 그들은 우리를 존중해주었다. 우리가 일반 노동자 중앙회(Central Geral dos Trabalhadores, CGT)가 아닌 브라질 노동조합 평의회 소속이라는 것을 알면서도 말이다.*

실제로 우리는 전국에 있는 모든 노동단체와 긍정적인 관계를 유지하고 싶었다. 우리의 목적은 오직 운동을 더 강력한 것으로 만들어나가는 데 있었기에 설령 일반 노동자 중앙회에 소속된 관계자가 지원해준다고 하더라도 우리는 기꺼이 받아들일 참이었다. 그 누가 되었든 우리의 투쟁에 헌신하는 사람이라면, 그로부터 받을 수 있는 어떠한 지원과 동맹도 다 환영할 것이다.

정당주의를 경계하라

전국 고무 채취 노동자협의회가 더 강해지기 위해서는 어느 한 정당과 너무 밀접하게 연관되어 있다는 인식이 생기지 않도록 조심해야 했다. 이것이 바로 내 입장이었고, 리우데자네이루와 상파울루, 미국에서 열린 세미나와 회의에서 나는 이 같은 의견을 피력했다.

역사상 고무 채취 노동자를 공직 후보자로 선출한 정당은 노동당이 유일했다. 여러 가지 문제가 있었음에도 노동당은 우리에게 의미 있는 지원을 제공한 유일한 정당이었다. 나는 종종 우리가 노동당뿐만 아니라 기나긴 투쟁의 역사를 가진 좌파 정당들과도 강력한 유대 관계를 형성할 수 있을 것이라 여겼다. 그러나 안타깝게도 우리는 브라질 정치의 특징인 파벌주의를 받아들여야만 했다. 단순히 특정 집단의 이익이 아니라 대의를 위해 투쟁하는 우리에게 이런 점은 정말이지 큰 불행이 아닐 수 없었다.

내가 리우데자네이루에 있을 때 일이다. 그때 나는 숲에 사는 사람들을 위한 지원단체 설립을 도와달라는 요청을 받고 있었다. 그곳에 가기 전, 나는 몇몇 좌익 동료들로부터 다른 정당 간의 싸움에 휘말리지 말라는 조언을 들은 참이었다. 리우데자네이루에 도착했을 때 노동당과 녹색당(Partido Verde, PV)은 내가 어느 당 '소속'인지를 두고 서로 다투고 있었다. 나는 이 모든 상황을 이해했다. 그래서 결국 녹색당, 노동당, 브라질 사회주의당(Partido Socialista Brasileiro, PSB) 그리고 친 모스크바 브라질 공산당(Partido Comunista Brasileiro, PCB) 및 기타 독립 단체들이 함께 모여 특정 협력 단체를 지원하는 브라질 언론 협회(Associação Brasiléira de Imprensa, ABI)에서 세미나를 하게 되었다.

교회는 저항운동의 또 다른 세력이다

우리의 운동은 교회와 협력할 일이 많았다. 그만큼 교회는 우리 투쟁에서 중요한 역할을 맡고 있었다. 하지만 때때로 의견 충돌이 생기기도 했는데, 이는 교회가 현실보다 이상을 좇는 성향이 강했기 때문이다. 이를테면 우리는 정당과 동맹을 맺고 투쟁하는 방법을 취할 때도 있었지만, 교회와 함께할 때는 이 같은 관계를 내색할 수 없었다. 교회가 우리에게 제공해주는 정치적 공간은 굉장히 중요한 것이었기에 어떻게든 교회의 심사를 틀어지게 만드는 일은 피해야 했다. 다행스럽게도 저항운동을 어떻게 받아들일지 고심하던 목회토지위원회가 우리의 투쟁에 적극적으로 참여하게 되면서 상황은 점차 나아졌다. 우리는 아크리-푸루스의 고위 성직자들과는 좋은 관계를 맺고 있었지만, 매우 보수적인 성직자들이 많았던 주루아계곡의 상황은 그다지 좋지 않았다. 반면 아마조나스주의 또 다른 지역인 카라우아리(Carauari)에 있는 교회와는 좋은 관계를 유지했다. 나는 교회와 맺어온 일련의 관계가 바람직한 것이었다고 생각한다. 또한 그 덕분에 교회와 고무 채취 노동자 모두에게 이익이 되는 협력 관계를 구축할 수 있었다고 믿는다. 그렇다. 교회는 1970년대에 우리 노동자들과 함께 운동에 열심히 참여했기에 오늘날까지도 우리를 포기하지 않고 함께 나아가고 있는 것이다.

도시와 학생들

숲을 벗어난 도시 지역의 사람들은 우리를 어떻게 바라보았을까? 도시 주민들은 항상 우리 노동자를 무시했다. 하지만 전국 고무 채취 노동자협의회가 설립된 이후 우리는 지역의 중요한 정치 단체 중 하나인 아크리 대학으로부터 지원을 받기 시작했다. 대학에 있는 교수 대부분이 농촌민주연합(União Democrática Ruralista, UDR)을 지지하거나 매우 보수적인 성향이라는 것을 익히 알고 있없지만, 그럼에도 우리는 새로 임명된 총장으로부터 약간이나마 지원을 받게 되기를 희망했다. 학생들은 다소 불안정하긴 했으나 우리를 지원하기 시작했고, 다행히 점차 늘어나는 추세다. 아크리에서는 녹색당이 조직되기까지 했다.

한편으로 우리는 적절한 법률적 도움을 받는 것이 매우 어렵다는 것을 깨달았다. 우리를 지지한다고 했던 아크리 농촌노동조합연맹은 우리가 요청한 지원을 거절했다. 노조연맹에 소속된 변호사는 자신에게 조금이라도 더 돈을 낼 수 있는 개별 소규모 토지지주의 사건을 맡는 일에만 관심을 기울였다. 우리는 그런 변호사와는 엮이지 않는 것이 좋겠다고 판단했다.

현실적으로 우리 노동조합엔 변호사를 고용할 여력이 없었다. 그만한 자금이 없었기 때문이다. 그러던 중 1988년 7월에 아마존 연구 기관(Instituto de Estudos Amazônicos, IEA)이 파라냐(Paraná) 출신의 제네시오 펠리페(Genésio Felipe)라는 변호사에게 법률 서비스를 받을 수 있도록 도와주었다. 변호사는 전국 고무 채취 노동자협의회와 개별 조합 및 아크리 목회토지위원회(Acre Pastoral Land Commission)를 통해 고무 채취 노동자에게 법률 자문을 제공해주었다. 그는 아크리주 전체를 담당한 사람이었다. 그야말로 엄청난 슈퍼맨이었다.

물론 우리 주변에도 변호사들은 있었다. 그러나 유감스럽게도 그들로부터는 별다른 도움을 받지 못했다. 아크리에만 해도 수십 명의 변호사가 있지만, 그들은 모두 노동자 운동에 반대하는 지주의 편이었다. 아니, 그들 자신 역시 부모와 마찬가지로 우리와 다른 사회적 계층에 속한 사람들이었다. 그러니 우리에게 관심을 가질 리 만무하지 않겠는가?

깊이 읽기10 　　　　　　숲에서 나는 열매들

브라질너트(*Bertholletia excelsa*): 브라질너트는 아마존 숲에 서식하는 나무 중 가장 키가 큰 조에 속하는 밤나무(castanheira)의 열매다. 줄기엔 가지가 별로 없이 20미터 이상으로 자라 꼭대기에서 넓은 지붕 모양을 형성한다. 브라질너트는 크리켓 공보다 약간 크고 단단한 꼬투리(ouriço)에 들어 있는 씨앗(꼬투리 안에 12-24개 씨앗이 들어 있다)이다. 꼬투리는 12월과 2월 사이에 땅에 떨어진다. 고무 채취 노동자들은 이 꼬투리를 모아 안에 든 씨앗을 수집한다. 밤나무 벌목은 브라질 법으로 금지되어 있다. 브라질너트가 발아하려면 주변 생태계와 복잡한 상호작용을 거쳐야 한다. 따라서 아무 생각 없이 숲을 개간하면 밤나무는 죽게 된다. 삼림을 벌목한 지역에서 흔히 볼 수 있는 말라비틀어진 밤나무 줄기들이야말로 생태계를 짓밟은 무분별한 개간의 흔적이다.

바바수(*Babaçu*): 유용성이 큰 야자수(*Orbygnia martiana* & *O. oleifera*) 두 종 가운데 하나다. 바바수 열매에서 추출한 기름은 요리할 때 쓰거나 연료, 윤활유로 사용된다. 비누를 만드는 데 쓰이기도 한다. 열매의 품질이 단단하고 상아 같아서 단추를 만들기도 한다. 바바수 껍질은 연료로 쓰고, 잎사귀에서 추출한 섬유로는 모자와 바구니를 짜고, 바바수 줄기는 발효 음료를 만드는 데 쓰인다.

황마(*Corchorus capsularis*): 포르투갈 식민 통치기 동안 인도에서 아마존 지역으로 유입된 나무이다. 높이가 5미터에 이른다. 줄기를 베어 물에 담갔다가 섬유질을 채취하여 물건을 담는 자루나 기타 재료를 만드는 데 쓴다.

투쿠마(*Astrocaryum tucuma*): 15미터 높이까지 자라는 야자수다. 잎사귀를 물에 담가 섬유질을 추출하여 그물과 밧줄, 해먹을 만든다. 열매로 만든 주스는 지역 특산물이다.

파타우아(*Oenocarpus bataua*): 15미터 높이로 자라는 또 다른 야자수로 열매를 삶으면 요리에 쓰이는 기름이 나온다. 나무에서 추출한 섬유로는 솔을 만든다.

아카이(*Euterpe oleracea*): 야자나무의 일종이다. 짙은 자주색 과일이 열린다. 이 열매로 지역 특산물 중 하나인 영양이 풍부한 음료를 만들 수 있다.

코파이바(*Copeifera longsdorfii*): 발삼 코팔 나무라고도 알려진 수종(樹種)이다. 나무껍질은 목공에 사용되고 씨앗에서 추출한 기름은 약용으로 쓰인다.

바카바(*Bacaba*): 바카바는 아마존 지역 전체에서 흔히 볼 수 있는 다양한 야자과 나무 속(屬)인 오에노카르푸스(*Oenocarpus*)에 붙인 이름이다. 과육을 짜서 음료를 만들고, 씨앗을 흡착하여 식용유를 만든다. 바카바의 새순은 식재료로 활용한다.

깊이 읽기11   상업적인 가능성을 지닌 열대우림

열대우림은 지구의 육지 표면적에서 겨우 7퍼센트를 차지할 뿐이지만 전 세계 동식물종의 약 40-80퍼센트가 서식하고 있는 보물 같은 곳이다. 현재 남아 있는 열대우림의 60퍼센트 정도는 라틴아메리카에 분포하는데 그중 절반 이상이 브라질에 있다. 열대우림은 지구상 그 어느 지역보다 풍요로운 생태계를 자랑한다.

≥ 영국에는 1,443종의 식물이 있다. 그런데 영국 영토의 5분의 1 크기에 불과한 코스타리카에는 최소 8,000종이 서식한다.

≥ 아마조니아(Amazonia)에는 사람들에게 알려진 모든 조류 종의 5분의 1과 최소 2,000종의 어류가 있다(유럽 대륙의 약 10배에 달한다).

≥ 아마존에 서식하는 식물 중 1퍼센트 정도에만 의약적 특성이 있다고 밝혀졌지만, 실제로 우리가 소비하는 모든 의약품 원료의 최소 4분의 1이 열대우림에서 자생하는 식물에서 나온다. 열대우림 식물에는 놀라운 치료제 기능이 들어 있다. 백혈병을 비롯해 호지킨병과 유방암, 자궁경부암 및 고환암에 효과가 있을 뿐 아니라 진통제와 항생제 역할도 한다. 심장약을 만드는 데도 쓰이며, 효소와 호르몬을 생성할 수 있고, 이뇨제와 항기생충 화합물, 궤양 치료제, 치약, 이질 치료제 및 항응고제에도 활용된다.

≥ 라틴아메리카에서 자라는 90,000종의 식물 중 10,000종만이 항암 특성에 대한 실험을 거쳤다. 과학자들은 테스트하지 않은 식물 중 최소 10퍼센트가 어떤 형태로든 항암 기능을 활성화할 것으로 전망한다. 북부 아마존 분지와 마다가스카르(Madagascar)에서 발견되는 알렉사 나무의 한

종에는 식물 알칼로이드 카스타 노르페르민이 함유되어 있다. 런던의 세인트 메리 병원에서 이 물질이 AIDS의 일부 증상을 치료할 수 있는지 조사한 바 있다.

깊이 읽기12   아크리 지역의 토착민

신뢰할 만한 1987년 자료에 따르면, 아크리와 아마존 남서쪽에는 최소 42개 지역으로 나누어진 땅에 6,600명의 토착 주민이 살고 있다. 그런데 해당 지역 중 어느 곳도 브라질 정부에 합법적으로 등록되지 않았다. 최근 들어 정부는 이들 지역사회의 규모를 대폭 줄이겠다는 계획을 발표했다. 전체 인구는 아푸리낭(Apurinã), 아라라(Arara), 라우아나우아(lauanauá), 자미나와(Jaminawa), 캄파(Kampa), 카투키나(Katukina), 가마나와(Kamanawa), 카사라리(Kaxarari), 카시나우아(Kaxinaua), 쿨리나(Kulina 또는 Culinas), 마키네리스(Machineris), 마스코(Masko), 누퀴니(Nuquini 또는 Nukinis), 파파보(Papavo)와 포야나와(Poyanawa, 또는 Poianauas) 등의 15개 토착민 집단으로 구성되는데, 브라질의 총 토착민 인구는 대략 200,000명이다.

아직 교류하지 않은 한두 집단을 제외하고, 이들 공동체는 모두 비토착민 사회와 접촉해왔다. 1870년대부터 아크리 상류 강과 아마조나스 남서부로의 고무 채취 활동이 확산하면서 토착민 공동체의 경제 활동은 고무 채취 경제에 통합되었고, 이들은 점차 상류 지역으로 밀려났다. 고무 농장의 지주들 대다수는 토착민 집단을 찾아가 주민들을 학살하거나 농장으로 강제 이송하기 위해 사냥 원정대(correrias, 포르투갈어로 '서두르다'라는 뜻이다)를 조직했다. 이 원정대는 제2차 세계대전이 끝날 때까지 활동을 계속했으며, 고무 채취 노동자들은 그들의 고용주가 명령하는 대로 강제로 일해야 했다. 아크리의 고무 채취 노동자와 토착민 간에 맺어진 현재의 동맹은 과거 그들 사이에 있었던 적대적인 상황들을 고려할 때 매우 이색

적이라 할 만하다.

아크리 지역 토착민 공동체는 생계형 농업과 사냥 및 어업을 병행하고 산림에서 자라는 열매들을 수집한다. 특히 고무 수액을 채취하고 브라질너트를 수집하며 생계를 유지한다. 이전에는 일부 공동체가 상당한 크기의 공동 전통가옥(malocas)에서 살았다. 그러나 이제는 지역 양식(목재 또는 쪼개진 야자수로 만든 집 위에 초가지붕을 얹어 기둥 위에 올린다)대로 지은 집에서 산다. 집 주변에는 가축을 키우는 공간과 정원이 딸려 있다. 마을 근처에는 마실 물과 생활용수를 공급 받는 수원(水原)이 있다. 모든 공동체는 연방정부의 국립 토착민 재단(Fundação Nacional do Indio, FUNAI)의 관리하에 있으며 일부 공동체에는 국립 토착민 재단 우체국이 설립될 예정이다. 이들 토착민은 가톨릭, 개신교 및 브라질 사람과 외지인으로 이루어진 공동체의 선교 활동 대상이기도 했다.

최근 몇 년 동안 이 지역의 토착민 공동체는 지역에 만연한 인종차별을 극복하고, 지역 문제에 참여할 권리를 확립하는 일에서 상당한 진전을 이루었다. 국립 토착민 재단과 지역 정치인들의 반대를 무릅쓰고서 말이다. 이는 토착민 연합 위원회(União da Naçoes Indígenas, UNI)지역 지부와 아크리 친-토착민 위원회(Pro-Indian Commission of Acre), 인류학자, 교사, 교육과 건강, 경제 분야에서 지역사회와 협력하는 이들과 기타 의식 고양 프로젝트에 참여하는 공동체의 협력으로 가능했다.

깊이 읽기13   파멸로 가는 길

아마조니아에서 행해지는 환경 파괴는 도로를 따라 이루어진다. 전천후 도로를 완성하면 땅이 없는 가난한 농부와 부유한 가축 목장 주인들이 몰려든다. 이들은 숲을 개간하고, 농장을 세운다. 하늘에서 내려다보면 주요 고속도로와 작은 지류에 형성된 도로의 양쪽은 약 12마일 정도의 파괴된 지역으로 둘러싸여 있다. 12마일을 넘어가면 일반적으로 지피식물(지표를 낮게 덮는 식물을 통틀어 이르는 말. 숲에 있는 입목 이외의 모든 식물로 조릿대류, 잔디류, 클로버 따위의 초본이나 이끼류가 있다. 맨땅의 녹화나 정원의 바닥 풀로 심는다)은 손상되지 않는다.

아마존에 장거리 도로를 건설하며 시작된 파괴의 역사는 1960년대로 거슬러 올라간다. 트랜스아마존(Transamazônica) 및 벨렘 브라질리아(Belém-Brasilia) 고속도로와 함께 BR364 쿠이아바(Cuiabá)에서 포르투벨류 고속도로 건설이 그즈음 이미 시작되었다. 고속도로는 포르투벨류에서 히우브랑쿠까지 계속 이어졌고, 아크리를 건너 남부 크루즈 지역까지 닿았다. 같은 시기에 히우브랑쿠에서 북쪽으로 보카 도 아크리, 남쪽으로는 샤푸리, 브라질레이아 및 아시스 브라질에서 BR317 고속도로 건설이 시작되었다. 그러나 도로가 포장되어 있지 않았기에 1년 중 대부분은 사용할 수가 없었다. 덕분에 도로 건설로 인해 발생하는 파괴적인 영향은 해당 지역에만 국한되었다.

1970년대 후반 브라질은 세계은행으로부터 자금 지원을 받아 BR364를 쿠이아바에서 포르투벨류까지 포장하고, 도로 양쪽에 있는 혼도니아의 중앙 부분을 식민화했다. 이 계획을 북서 브라질 통합 개발 프로그램 또는

폴로노로에스테 프로젝트(Projeto Polonoroeste)라고 한다. 지금까지 토착민과 고무 채취 노동자가 거주하는 원시 열대우림이었던 지역에서 이루어진 변화의 사회적, 환경적 결과에 관한 논의는 다음과 같다.

1985년까지 브라질 정부는 포르투벨류에서 히우브랑쿠까지 이어지는 도로를 건설하기 위해 이번에는 미주개발은행과 또 다른 대출 건을 협상하고 있었다. 폴로노로에스테 프로젝트에 대한 비판적인 여론이 형성되어 있음을 알아차린 은행은 환경과 지역 토착민 공동체를 보호하기 위한 조치를 취하고자 했다. 치코 멘데스가 사망할 때까지 대출금 지급은 중단되었지만, 정부는 국내 자본으로 도로포장 작업을 진행했다. 정부는 포장도로를 조금 더 서쪽으로, 즉 페루까지 확장할 계획을 세웠다. 1980년대 초에 아크리주 정부는 페루 정부와 BR317을 페루 국경까지 넓혀 푸에르토말도나도(Puerto Maldonado)와 태평양으로 이어지는 도로와 연결하는 방안을 논의했다. 최근 계획은 BR364를 크루즈 남부까지 포장할 것으로 보이며, 이 도로는 페루의 도시 푸칼파(Pucallpa)까지 이어진다.

태평양 시장에 진출한 브라질 수출업체를 제외하고, 태평양 지역의 주요 이해 당사자 중 하나는 일본이다. 세계 최대 원자재 수입국인 일본은 브라질을 광물과 목재, 곡물을 장기적으로 공급하는 국가로 지정했다. 원자재는 아마존 분지나 브라질 중서부에서 생산된다. 일본의 경우, 태평양 노선은 상업적으로 의미가 있지만, 아마존의 새로운 광대한 지역이 황폐화할 가능성이 농후하다. 일본은 1989년 초에 아마존 지역의 파괴에 가담한 가능성을 부인했지만, 아크리에서 서쪽으로 태평양까지 연결할 계획에 자금을 지원하겠다고 제안했던 것으로 알려졌다.

깊이 읽기14   브라질의 교회

브라질에는 세계에서 가장 큰 가톨릭교회가 있고, 다른 나라보다 사제와 수녀, 주교가 많기로 유명하다. 브라질 가톨릭교회의 진보파는 1964년 쿠데타 이전 사회운동에 활발히 참여했고, 군사정권 시기 동안 가난하고 억압받는 사람들을 위해 공개적으로 나설 수 있는 유일한 세력이었다. 이 때문에 교회와 국가 사이의 관계가 종종 긴장 상태에 돌입하곤 했다. 교회의 가장 저명한 군사정권 반대자 중 한 사람이자 올린다(Olinda)와 레시페의 대주교였던 헬더 카마라(Hélder Câmara, 1909-1999)*의 말을 들어보면 당시 상황이 어땠는지 짐작할 수 있다.

"가난한 사람들을 도우면 나를 성자라고 부르는데, 왜 가난한지 물으면 저를 공산주의자라고 부르는 이유가 대체 뭡니까?"

평신도와 교회에서 안수를 받은 많은 신도는 풀뿌리 운동을 지원하기 위해 군사정권에서 가해진 갖가지 고통을 겪어야 했다.

1970년대와 1980년대에 걸쳐 가톨릭교회는 '가난한 사람들을 위한 선택'의 일환으로 수천 개의 풀뿌리 '기독교 기반 공동체'를 설립하여 종교적 가르침을 전하고, 사회적 행동을 촉진했다. 신자들은 현존하는 사회적, 정치적 구조가 하느님의 뜻이 아니라 사회의 급진적 변화가 기독교적 가

---

* 헬더 카마라는 올린다와 레시페의 가톨릭 주교이자 명예 대주교였다. 헬더는 브라질 전국 주교회의 창립자 중 한 사람이었으며 브라질의 군사정권 시기 동안 인권의 위대한 수호자로 불렸다. 가난한 사람들을 비호하고, 주로 비폭력을 설파하는 내용으로 강론했는데 이로 인해 다양한 국내 및 국제상을 받았다. 헬더는 노벨 평화상 후보 4명 중에서 가장 많이 지명된 브라질인이었다. 2017년 12월 26일, 브라질 정부는 법률 13,581조항에 헬더 카마라를 브라질 인권 수호자로 선언했다.

치와 열망에 훨씬 더 밀접하게 부응할 수 있다는 것을 배웠다.

교회는 지역에 기독교 기반 공동체를 만드는 활동 외에도 국가 차원에서 다양한 목회 조직을 설립했다. 이 시기, 아크리에서 대표적이었던 단체 두 곳은 토착민 선교 위원회(Conselho Indígena Missionário, CIMI)와 목회 토지위원회(Comissão Pastoral da Terra, CPT)였다. 두 단체는 토착민과 농민 공동체에 영적, 정치적 자원을 제공했다.

아크리에는 동쪽의 아크리-푸루스와 서쪽 주루아에 두 개의 교구를 두고 있다. 아크리-푸루스 교구는 이탈리아 수도회가 관리하며, 주교는 목회 토지위원회의 회장을 지냈던 진보적인 교회의 저명한 인물이었다. 크루즈 남부 지역에 기반을 둔 주루아 교구는 독일이 관리한다.

많은 경우, 19세기 독일 이민자의 후손으로 남부 브라질에서 온 가난한 식민지 개척자들이 서부 아마존에 도착했다. 이로 인해 브라질 루터교 교회에는 진보적인 목사와 더불어 평신도 노동자가 늘어나면서 아크리 지역 고무 채취 노동자 및 토착민과 함께 풀뿌리 운동을 돕게 되었다.

4장

지주들의 반격

우리는 강력한 반대 세력과 대치하고 있다는 것을 잘 알고 있다. 아마존 지역을 장악한 지주와 기업인은 물론, 제헌의회에서 농지개혁에 반대표를 던진 세력과도 맞서고 있다. 이들이 의회에서 투표에 미치는 영향력은 우리가 당면한 큰 문제 중 하나였다. 우익 지주 운동인 농촌민주연합이 성장하는 데 막대한 영향을 주었으며, 이는 곧 저항운동에 위협으로 작용했기 때문이다. 의회에서 농지개혁안이 통과되지 못한 것은 지주나 토지 투기자들에겐 크나큰 승리였다. 아크리에 농촌민주연합이 설립된 이후로 우리는 팔을 걷어붙이고 진짜 싸움에 돌입했다. 우리의 저항운동이 그 어느 때보다 강력해졌다고 믿고 있었기 때문이다.

농촌민주연합은 아크리에서 자금을 모으기 위해 가축 경매를 준비하는 등 다양한 활동을 개진했는데, 이를 통해 사람들은 그들의 영향력이 얼마나 커졌는지 쉽게 짐작할 수 있었다. 우리는 또한 농촌민주연합 회의에 참석했던 사람들을 통해 그들의 목표가 무엇인지 정확하게 알 수 있었다. 그들의 궁극적인 목표는 샤푸리 고무 채취 노동자의 풀뿌리 조직을 공격하여 샤푸리 노동조합을 아예 없애버리는 것이었다. 이들은 샤푸리 지역을 굴복시킬 수만 있다면 자신들이 내세운 조건을 주 전체, 아니 더 나아가 아마존 전역까지 적용할 수 있을 것이라고 생각했다. 이 내용은 아크리주 주지사가 나에게 직접 말해준 것이다. 그것은 마치 앞으로의 일을 암시해주는 것 같았다. 아니나 다를까. 아크리에서 농촌민주연합이 공식적으로 출범한 이후 샤푸리에서 첫 유혈사태가 벌어졌다.

믿기 힘들겠지만, 현재 우리를 지지하는 세력 중에는 고무가공공장 소유주(이들은 목재 상인이기도 하다)도 있다. 사실 그들은 우리가 그다지 신뢰할 수 있는 사람들이 아니었다. 그러나 고무가공공장 소유주들은 고무를 수출하여 이익을 얻었기에 전국 고무 채취 노동자협의회와 은밀히 접촉하기를 원했던 것이다. 그들은 우리가 고무개발위원회(Superintendénica do Desenvolvimento da Borracha, SUDHEVEA)* 폐지에 반대하는 데 함께 힘을 합쳐야 한다고 주장한다. 우리는 복잡한 상황에 직면했다. 고무 채취 노동자의 이익을 변호하는 일이 무엇보다 중요하다는 것을 알고 있었지만, 다른 한편에서는 만일 고무개발위원회가 폐지되면 고무가 주 상품인 시장과 수출에 큰 위협이 되리라는 것을 알고 있었기 때문이다.

고무개발위원회의 문제가 무엇이든, 어떤 점이 옳고 어떤 점이 그르든, 혹은 그들이 많은 문제를 가지고 있다고 해도 그들이 아마존의 고무시장 구조를 개선하기 위해 벌였던 다양한 시도들은 오늘날 같은 상황에서 옹호할 가치가 분명 있었다. 이것이 바로 고무 가공 공장 소유주가 우리와 전술적 동맹을 맺고자 했던 이유이기도 하다.

그러나 일반적으로 봤을 때 아크리 지주와 사업가, 그리고 이 문제와 관련 있는 지역 전체가 우리의 요구를 거부하는 저항 세력을 조직하고 있는 듯했다. 이 싸움에서 우리가 가진 유일한 방어책은 브라질 사회와 국제과학계가 앞장서서 당국에 압력을 가하는 것이었다.

정부는 왜 한쪽 편만 들었을까

브라질 정부가 환경문제와 고무 채취 노동자에게 많은 관심을 기울이는 것처럼 보였던 때가 있다.** 그러나 보이는 것이 전부가 아니었다. 우리는 얼마 가지 않아 브라질 정부의 환경 보호 행동들이 국제은행과 기타 국제기구로부터 정부가 추진 중인 개발 프로젝트의 승인을 받기 위한 것임을 깨달았다.

우리는 생태계를 보전한다고 말하면서 막상 숲을 파괴하는 사람들을 보호하기 위해 경찰병력을 배치하는 당국의 아이러니한 행태를 도무지 이해할 수 없었다. 호두나무와 고무나무가 많은 에콰도르 고무 농장에서 이와 유사한 일이 특히 자주 발생했다. 주지사는 그곳에서 일어나고 있는 일 때문에 여러 차례 경고를 받은 바 있었다. 사실, 나는 개인적으로 그를 찾아가 경고했고 무슨 일이 벌어지고 있는지 직접 가서 살펴보라고 제안하기까지 했다. 그러면서 경찰을 바로 농장으로 보내는 건 너무 성급한 결정이라는 말도 덧붙였다. 원시림 50헥타르가 이미 사라졌지만, 여러 국가와 국제기구가 주지사에게 보낸 수백 통에 달하는 전보, 다른 말로 하면 압력 덕분에, 우리는 그 지역에서 경찰을 철수시키는 데 성공했고 약 300헥타르에 달하는 나머지 원시림을 구할 수 있었다.

그들이 파괴한 지역에서는 마지막 수확 때 작황이 좋아 브라질너트*** 1,400캔을 생산했다. 우리는 지주와 주지사에게 브라질너트와 고무 같은 임산물로 얻는 헥타르당 연간 소득을 계산한 다음, 가축을 방목하여 얻는 소득과 비교해보도록 요청했다. 하지만 그들은 그 간단한 요청마저 거절했다. 우리가 숲 1헥타르에서 얻는 수입이 숲을 개간하여 소를 방목할 때 얻는 수입보다 20배나 더 많다는 것을 증명할 수 있다는 것을 알고 있었기 때문이다.

우리는 1986년 7월 30일에 제정된 법령 7.511과 1986년 10월 28일에 제정된 규정 486을 인용하여 당국이 브라질너트와 고무나무의 벌목 및 판매, 그리고 언덕 벌목을 금지하고 있다는 점을 정확하게 밝혔다. 하지만 에콰도르 고무 농장이 있는 지역에서 법은 완전히 무시되었고 이미 두 개의 언덕이 벌목되는 중이었다. 두 번째 엠파치 이후, 고무 채취 노동자들이 벌목 작업을 가까스로 중단시키자 현지 브라질 연방임업위원회(Instituto Brasileiro de

Desenvolvimento Florestal, IBDF) 담당자가 나타나 상황을 자세히 확인하지도 않은 채 지주에게 계속해서 숲을 개간해도 된다고 말했다. 그 담당자는 지주가 지역관리 계획을 서면으로 제시하지 않았는데도 허가를 내주었다.

정확한 숫자는 기억나지 않지만, 또 다른 법률에 따르면 산림 관리 계획을 제시하지 않으면 최대 50헥타르까지만 산림 개간이 허용된다. 더 나아가 브라질너트와 고무나무가 밀집한 곳은 벌목을 금지한다는 내용도 있었다. 하지만 법률 조항 중 그 어느 것도 지켜지지 않았다. 주지사도 그 내용을 고려하지 않았을 정도니 연방 임업위원회는 더 말할 것도 없었다.

우리는 주 정부 기관인 아크리기술지원재단****과 좋은 관계를 유지하고 있다. 이들은 고무 채취 노동자의 삶이 얼마나 고단한지 진심으로 이해했고, 삼림 벌목이 문제라는 점도 인지하고 있었다. 그러나 아크리기술지원재단과 좋은 관계를 맺고 있었음에도 우리 역시 주 정부에 대해서는 믿음을 가질 수 없었다. 주지사는 자신이 숲을 지킨다고 선전하고 다니면서 리우와 일본을 방문해서 숲을 지키는 일에 관해 떠들곤 했다. 하지만 다른 한편에서는 경찰을 동원해 숲을 파괴하는 지주들을 보호했다. 그토록 이중적인 사람을 우리가 어떻게 믿을 수 있겠는가? 주지사는 직책이 부여한 정치적인 힘을 사용하는 사람이다. 만일 그가 우리 노동자를 위해 그 힘을 사용했다면 틀림없이 노동자들의 지지를 많이 받았을 것이다.

국가 발전의 걸림돌

사람들은 우리에게 불리한 온갖 종류의 주장을 펼쳤다. 지주들은 우리가 나라의 발전을 더디게 하고, 국가 경제에 피해를 준다고 말했다. 그리고 고무는 경제적으로 중요한 요소가 아니며 국가의 미래는 목축업에 달려 있다고 주장했다. 또 다른 사람들은 아마존은 사람이 살지 않는 광활한 지역이므로 더욱 적극적으로 개발해야 한다고 목소리를 높였다. 어느새 우리가 하는 주장은 국가의 발전에 반하는 반동적인 주장이 되어 있었다. 상대측 진영은 우리의 주장을 약화하고 자신들의 주장은 더욱 널리 설파하기 위해 꾀바르게 행동했다. 다행히도 그 무렵 국내 언론이 먼저 아마존을 보호하는 이슈가 얼마나 시급한 문제인지 깨닫기 시작했다.

우리를 향한 반대 의견을 맞받아치는 것은 별문제가 아니다. 몇몇 사람들은 아크리에서 식량을 생산해야 한다고 말하는데, 그럴 수 있는 땅은 다른 곳에도 충분히 널려있다. 사실 대규모 식민지화 계획을 통해 생산하려고 하는 것이 과연 무엇이겠는가? 어쨌든 식량 생산과 관련해서는 정부가 지역의 소규모 농가들까지 고려한 농업정책을 발전시키기만 하면 된다. 식량을 충분히 생산하는 데에는 전혀 문제가 없다.

우리 고무 채취 노동자들에게도 융통성은 있다. 우리 중 그 누구도 "아마존에 손가락 하나 까딱해서는 안 된다"고 말하지 않았다. 절대 아니다. 우리는 그저 먹고사는 데 필요한 만큼의 생산량을 보장받기 위해 합리적으로 제안하는 것뿐이다. 생각해보라. 고무 채취 노동자들과 토착민들은 여태까지 삶의 터전인 숲에서 자급용 농작물을 재배해왔다. 그렇다고 해서 우리가 언제 숲의 존립 자체를 위협했던 적이 있는가? 그렇지 않다. 숲을 위협하는 진짜 원인은 소를 방목하기 위해 목초지를 무분별하게 개간하는 삼림 벌목에 있다. 이런 사람들은 대개 땅을 투기의 대상으로 간주한다. 실제로 어떤 지주들은 샤푸리와 아마존의 다른 지역에서 10,000헥타르의 숲을 벌목해 절반은 가축을 위한 목초지로 나머지 절반은 그냥 내버려 두었다. 언젠가 땅값이 오르면 되팔 심산이었을 터다. 그렇다. 이들은 그저 토지를 투기의 도구로 사용할 따름이다.

지주들은 자신의 재산을 지키기 위해 가능한 한 모든 경제력을 동원했다. 당국에 뇌물을 주는 것은 가장 흔한 수법이었다. 그들이 아마존 지역의 연방임업위원회 직원을 매수했다는 사실은 브라질 사람이라면 누구나 알고 있었다. 일종의 상식처럼 말이다. 그들은 심지어 법까지 이용했다. 본인 소유의 땅에서는 자기가 원하는 것은 무엇이든 해도 된다고 공공연히 떠벌렸고, 자신들이 고용한 벌목꾼의 안전을 위한다는 명목으로 경찰 보호를 요청하기도 했다. 우리가 삼림 벌목을 막기 위해 활동을 개시하면 "고무 채취 노동자들이 무단침입을 했다"면서 고발했다. 그러고는 토지는 개인의 사유재산이라고 주장하면서 법원에 지원과 보호를 요청하곤 했다. 그러나 정작 이곳에서 수 세기 동안 일하며 살아왔던 이들은 지주가 아닌 고무 채취 노동자들이다!

지난 2년 동안은 경찰이 우리에게 가하는 압력이 조금 줄어들었다. 지주들에게 우리 활동에 대한 합당한 논거를 제시한 덕분이다. 우리가 엠파치를 진행할 때 내세우는 핵심 주장은 아주 명료하다. 바로 '지주가 법을 위반하고 있으며, 우리는 그저 지주가 법을 지키는지 확인하고 싶을 뿐'이라는 것이다.

물론 지주들도 가만있지 않았다. 그들은 무장 용병을 고용해 우리를 위협하는 전략까지 구사했다. 이 방법은 꽤 효과적이었다. 나뿐만 아니라 다른 저항운동 지도자들과 관계자들 역시 갖은 위협에 맞닥뜨려야 했으니 말이다. 우리는 모두 농촌민주연합 암살단이 작성한 암살 대상 목록에 올라가 있었다. 샤푸리에 근거지를 둔 암살단의 보스는 이곳 주변과 파라냐에 있는 목장을 소유한 달리, 그리고 알바리노 알베스 다 실바였다. 이들은 30명의 무장 용병으로 이루어진 갱단을 이끌고 있었는데, 내가 '30명'이라고 콕 집어 말한 이유는 그들이 마을을 순찰할 때 숫자를 직접 세어봤기 때문이다. 하지만 최근에 파라냐주 우무아라마(Umuarama)로부터 달리와 실바에 대한 체포 영장이 발부되면서 상황이 바뀌었다. 연방 경찰이 한 일인지 아닌지는 모르겠지만, 누군가 제보한 게 틀림없다. 나는 그 두 사람이 숨어 지내면서 "치코가 죽은 다음에 자수할 것"이라고 말했다는 것을 전해 들었다(에필로그 참조).

우리는 지주들의 주 전략이 앞으로도 이와 똑같이 전개될 것이라고 확신한다. 그들은 분명 우리의 저항운동에 맞서 폭력과 협박을 이용할 것이다. 의심의 여지라곤 없다. 파라주 남부에서나 볼 수 있었던 폭력 양상이 이미 아크리주의 샤푸리까지 번지지 않았는가?

법은 부자를 위해 존재한다

  법은 항상 부자의 편에 있다. 우리가 직면한 문제 중 하나도 한쪽으로 치우쳐진 사법 체제 안에서 과연 어떻게 살길을 찾아내느냐 하는 점이었다. 우리는 이따금 도움을 요청하거나 지원을 받기 위해 법에 의지하려고 했지만, 법은 항상 지주의 손만 들어주었다. 1988년 5월 27일, 연방임업위원회 사무실 밖에서 야영하던 고무 채취 노동자가 총에 맞은 사건이 있었는데, 경찰은 이 사건에 대한 조사마저 거부했다. 무장 용병들은 이 근방에서 위험인물로 알려져 있었기에 목격자들이 사건 당시의 상황을 경찰에게 진술했지만, 그들은 아무런 조치도 취하지 않았다.
  이바이르 살해사건*****에서도 누가 청부업자를 고용했는지는 명백하다. 비록 살인범의 정체는 몰랐지만 누가 이를 사주했는지는 잘 알고 있다. 사실 사건의 배후에 있는 사람이 누구인지만 알아낸다면 범인을 잡는 게 그리 어려운 일은 아닐 것이다. 살인범을 고용한 사람은 브라질민주화운동 정당의 후보 키케로 테노리오 카발칸티였다. 실제로 이런 일은 비일비재했다. 사람들은 경찰들에게 사건의 전말을 알리고 자세히 진술했지만, 역시나 수사상의 진전은 없었다. 키케로 카발란티는 경찰서에 나와 진술조차 하지 않았다.

깊이 읽기15 　　토지와 권력, 그리고 농촌민주연합

　브라질 역사 대부분에서 토지와 권력은 동의어다. 지역적으로나 국가적으로 정치 권력은 늘 대규모 토지 소유자의 손에 달려 있었다. 게다가 지주들은 전통적으로 대다수 농촌 인구의 목숨을 좌지우지했다. 제2차 세계대전 후 브라질 정부가 실시한 근대화 작업은 농업개혁으로부터 시작되었다. 개혁안에는 막대한 토지(종종 농업 목적으로 사용되지 않는다)를 해체하고, 사회정의와 생산성 향상을 위해 소농에게 토지를 재분배한다는 내용이 담겨 있었다. 1964년 쿠데타의 배후에도 농업개혁이 실현되는 데 대한 두려움이 깔려 있었다.
　군부독재 시기가 되자 토지 집중도가 높아졌다. 이에 따라 토지를 독점하는 소수의 지주가 증가했고, 덩달아 토지와 일자리를 찾아 이주하는 무산자 가족이 급증했다.
　1985년에 출범한 민간 정부는 초기에 대규모 농업개혁에 전념하겠다고 밝혔다. 정부는 농업개혁 부처를 신설하고 1985년 5월에 농업개혁 계획 초안을 발표했다. 사회정의(일반인의 통념으로 판단한 올바른 사회적 윤리로, 법 앞에서의 평등이나 정당한 보수 따위와 같이 모든 개인이 한결같이 인간다운 생활을 누릴 수 있는 최소한의 조건을 보장하는 것을 기본으로 한다) 개념에서 출발한 이 계획은 5년 안에 4,300만 헥타르(168,000평방 마일로 영국 면적의 약 3배에 달하는 크기다)를 재분재하자고 제안했다. 개혁안은 농촌노동자들에게 환영받았지만, 지주들은 거세게 반발했다. 다음 6개월 동안 지주들은 집중적으로 로비 활동을 벌였고 정부는 결국 백기를 들었다. 그러고 나서 1985년 10월, 수정된 계획을 법률로 제정했다. 기본 취지 역시 사회정의 구현에서 생산성 향상으로 바뀌었다. 이번에는 지주들이 두 팔 벌려 환영했다. 그러나 노동자들은 이를 규탄했다.

경쟁 단체들은 1987년과 1988년, 제헌의회에 로비 활동을 벌여 새로운 헌법 초안을 작성했는데, 이는 곧 지주 집단이 승리했음을 의미하는 것이었다. 농업개혁을 언급한 헌법 조항은 1964년 이전 법안보다 더 보수적이었고, 법 적용 또한 제한적이었다. 보수주의자들이 거둔 성공의 상당 부분은 농촌민주연합 덕분이었다. 농촌민주연합은 제헌의회가 지주들의 이익을 적극적으로 반영하도록 윤활유를 치는 동시에, 노동자들과 그들의 동맹을 위협하는 데 성공했다.

농촌민주연합은 1985년, 최초로 전국적인 농지개혁 프로그램이 발표된 후 생겨났다. 설립자는 중서부 고이아스(Goiás)주 출신으로, 목장주이자 의사인 로날도 카이아도였다. 농촌민주연합은 처음에는 중서부와 상파울루의 목장 및 농업, 공업 지역을 기반으로 빠르게 성장했는데, 곧이어 아마조니아를 포함해 브라질 전역에 지역 단체를 형성하기에 이른다.

농촌민주연합은 회원들의 개인 재산에 의존할 뿐 아니라 대규모 공개집회에서 진행되는 소규모 경매를 통해 기금을 모금한다. 1987년과 1988년 제헌의회에서 농업개혁에 관해 토론을 벌이는 동안 농촌민주연합 조직의 영향력이 분명해졌음을 느낄 수 있었다. 농촌민주연합은 의회에서 강력한 로비 활동을 벌이고, 농업개혁을 지지하는 사람들을 위협하기 위해 지주들을 이끌고 공개된 장소에 쳐들어간 것 외에도 브라질리아에서 대규모 집회를 조직했다. 그러던 어느 날, 브라질리아 공항에 농촌민주연합 지지자들이 소유한 수백 대의 전용기가 주차할 공간이 부족한 사태가 발생했다. 농촌민주연합의 세력이 얼마나 막강한지 보여주는 상징적인 일이었다.

농촌민주연합은 전국 의회 의원의 상당 부분을 통제하고 있었는데 제헌의회에서 드러나는 투표 패턴이 이를 증명했다. 또한, 1988년 11월 선거에서 선출된 시장들, 특히 브라질 남부와 중서부의 부유한 농촌 지역에서 선출된 시장들이 농촌민주연합의 동조자라고 주장하고 나섰다.

농촌민주연합은 그간 불법 무장 단체를 갖고 있다는 사실을 일관되게 부인해왔다. 그러나 농촌에서 일어난 폭력 사태는 최근 몇 년 동안 꾸준히 증가했으며 농촌노동자들과 이들의 지지자의 죽음에 연루된 직업 총잡이 중 상당수가 농촌민주연합 지지자와 연결고리가 있다는 것은 자명하다.

사르니 정부가 집권기인 1985년, 농업개혁 프로그램 중 고작 3퍼센트 미만의 일들이 수행되었다. 농업개혁개발부(Ministério de Reforma e do Desenvolvimento Agrario, MIRAD)에는 정체불명의 장관 다섯 명이 있었는데 하나같이 제대로 일을 하지 않았기에 비효율적인 기관으로 악명이 높았다.

콜로르 정부가 집권했을 때 농업개혁개발부는 폐지되었고 그 책임은 농무부로 이전되었다. 상파울루 농업기업 대표가 장관으로 있는 콜로르 정부가 이룬 정치적 성공 중 하나는, 농업개혁에 대한 대중의 압력을 제거하고 정치적 의제에 있어 문제의 가시성을 낮춘 것이다.

깊이 읽기16   에콰도르에서 거둔 승리

  1988년 5월, 연방임업위원회는 샤푸리의 에콰도르 고무 농장을 인수한 델타 건설회사가 50헥타르의 산림을 목초지로 개간하도록 허가했다. 샤푸리 농촌 노동조합과 전국 고무 채취 노동자협의회는 면허가 불법적으로 부여되었고 델타가 실제로 300헥타르를 개간할 계획을 세웠다며 반대했다.

  연방임업위원회에서 응답하지 않자 고무 채취 노동자는 현장에서 시위를 벌였으나 경찰에 의해 해산되었다. 그러자 노동자들은 샤푸리에 있는 연방임업위원회 사무실을 점거하고, 히우브랑쿠의 주정부와 브라질리아에 있는 연방임업위원회 본부에 델타 회사에 부여한 면허를 취소해달라고 요청했다.

  1988년 5월 24일 밤, 오토바이를 탄 총잡이 두 명이 고무 채취 노동자가 점거한 연방임업위원회 사무실 현관에 들이닥쳐 잠자는 노동자들에게 총을 쐈다. 청년 두 명이 총에 맞았고 부상이 심해 응급처치가 필요한 수준이었다. 오토바이는 6개월 후, 치코 멘데스를 살해한 데 책임이 있는 달리 알베스 다 실바의 아들 중 한 명이 소유한 것으로 확인되었다.

  고무 채취 노동자는 녹색당이 리우데자네이루에서 벌인 시위와 광범위한 언론 보도, 해외에서 저항운동을 지지하는 전보 등 지원에 힘입어 정부에 항의했다. 마침내 정부는 해당 지역에 대해 델타 건설회사에 허가한 면허를 취소했다.

깊이 읽기17   혼도니아로 가는 길

대규모로 조직한 아마존 지역 식민지화 계획은 1970년대부터 시작되었다. 여기에는 정부가 트랜스아마존 고속도로를 건설했을 때, 브라질 북동부 지역의 토지가 없는 농민들을 정착시키고 농업개혁에 대한 요구를 완화하려는 시도로써 야심만만한 식민지화 프로그램이 포함되었다. 고속도로 건설과 식민지화 모두 실패했다. 그러나 상당수의 가난한 식민지 주민들이 알타미라(Altamira) 지역에 정착했다. 사설 식민지 계획은 마토 그로수(Mato Grosso) 북부 지역을 중심으로 수립되었다. 대부분 브라질 남부에서 온 이주민들이 참여했는데, 대두 생산 붐으로 자신들의 땅을 잃은 사람들이었다.

혼도니아에서 폴로노로에스테 프로젝트가 시작되면서 브라질 남부와 북동부에서 엄청난 수의 사람들이 공식 식민지 계획이 시행되는 곳이나 토지가 있는 곳이면 어디든 자발적으로 정착하기 위해 몰려들었다. 한때 일주일에 7,000가구 이상이 BR364 고속도로를 따라 이동했다. 이러한 인구 유입을 통제할 적절한 토지 등록부나 행정적 능력이 없다면, 당국은 뒤따르는 혼란을 피하기 위해 할 수 있는 일이 거의 없었다.

기존 융자금 및 대출 연장 서비스는 목축과 커피, 코코아 같은 고부가가치 수출 작물을 진흥하는 데 목적을 두었다. 대부분 토양의 질이 좋지 않고, 열대우림 환경에 익숙하지 않은 것과 더불어 극도로 높은 말라리아 발병률을 포함한 불리한 상황은 대다수 식민지 주민에게 비극적인 실패로 이어졌다.

심각한 비판에 따라 세계은행은 폴로노로에스테 프로젝트가 잘못되었고 계획을 실행하는 것을 관리하지 않았다고 인정했다. 고무 채취 노동자와 아크리의 토착민을 향한 두려움에는 히우브랑쿠 도로포장 같은 비참한 사회적, 환경적 결과와 함께 통제되지 않는 이주 물결을 가져오리라는 점이었다.

극심한 수준의 파괴 없이 열대우림 지역에 더 많은 사람을 정착시키고, 식량 생산을 증가하는 방법이 있다. 하지만 아마존 지역의 토지 개발에 대한 압력은 다른 지역에서 농업개혁을 시행하지 못한 결과이며, 이로 인해 현재 토지가 없는 농촌 가족의 수가 증가하고 있음을 인식하는 것이 중요하다.

5장
함께 일하고 함께 싸우라

정부가 우리에게 도움을 줄 때까지 기다릴 수는 없었다. 그건 아무런 의미가 없는 일이었다. 우리 고무 채취 노동자들은 스스로의 힘으로 단체를 조직하고 사람들을 동원해야 한다. 우리가 의지할 수 있는 것이라고는 우리 조직이 갖는 사회적 위치밖에 없었다. 우리는 언젠가 아마존 전 지역을 둘러쌀 수 있을 정도로 조직된 대규모 엠파치를 상상하곤 했다. 전국 고무 채취 노동자협의회와 채굴 보존 지역의 미래는 우리가 저항운동을 얼마나 많이 하느냐에 따라, 그리고 그 운동을 얼마나 잘 조직해나가느냐에 달려 있었다.

전국 고무 채취 노동자협의회의 배후에 있는 주요 세력은 여전히 샤푸리 연합이지만, 우리는 아마존 전역에 걸쳐 새로운 지도자와 핵심 지원 세력을 형성하고 있다.

전국 고무 채취 노동자협의회는 6개월마다 정기회의를 개최한다. 서로 의사소통을 하고 정보를 교환하는 측면에서 저항운동의 전략적 중심지라고 할 수 있는 곳은 아마존 연구 기관이다. 이곳은 마리 알레그레티와 폴 키에사, 비아 및 다른 동료들이 일하는 곳이며, 이들은 전국 고무 채취 노동자협의회의 국내외 네트워크(연결망)를 관리하는 사람들이기 때문이다. 한편으로 우리는 캄파나스 대학의 마우로 알메이다로부터 기술적인 조언을 얻기도 한다.

전국 고무 채취 노동자협의회가 지원을 더 많이 받고, 우리 운동에 더 많은 사람을 참여시키는 방법 중 하나는 기존에 조직된 핵심 고무 채취 노동자 집단들과 논의 구조를 만드는 것이다. 샤푸리에는 조합 지사가 30개 있는데, 이들은 해당 지역의 전국 고무 채취 노동자협의회를 어떻게 지원할 수 있을지 그 기반을 마련하는 업무를 맡는다.* 브라질레이아와 아시스 브라질에도 비슷한 수준의 조직이 있다. 우리의 목표는 이런 노동자 단체 및 풀뿌리 조직 지도자들과 함께할 수 있는 논의 구조를 만드는 것이었다. 즉 논의를 통해 지역 교육사업 확장을 위한 업무와 책임을 분담하고, 이를 위한 필수 자원을 확보하는 방안 등을 결정하는 일이다. 전국 고무 채취 노동자협의회는 운영 면에서 아직은 약간 불안정한 경향을 보이는데, 그 첫 번째 이유는 활동가들이 전적으로 활동에 참여할 수 있는 시간이 부족하기 때문이다. 또 다른 문제는 각 단체 간의 물리적인 거리가 멀어서 소통이 어렵다는 점이다.*

---

* 1980년대 남아메리카의 사회·경제 상황을 고려하면 충분히 짐작 가능한 일이다.

폭력의 딜레마

지금까지 우리는 비폭력 투쟁 방식을 견지해왔다. 앞으로도 이 방식을 고수할 것이다. 만에 하나 그 언제인가, 우리가 어쩔 수 없이 폭력을 행사해야 하는 날이 온다면, 이는 우리가 마주한 상황이나 사회 제도의 문제 혹은 정부가 펼치는 지주 옹호 정책 탓일 것이다.

엠파치는 현재 다음과 같은 방식으로 진행된다. 삼림 벌목으로 인해 특정 공동체가 위협에 처하게 되면 그들은 즉시 동일 지역 내의 다른 공동체에 연락을 취한다. 공동체 구성원들 모두가 숲 한가운데 모여 대중 집회를 연다. 그러고 나서 전기톱을 든 벌목꾼과 그 외의 노동자들에게 맞서기 위한 시위대를 구성하는데, 이 모든 과정은 지극히 평화로우면서도 조직적인 방법으로 진행된다. 시위대는 지주가 고용한 벌목 노동자들에게 그 지역을 떠나도록 계속해서 설득한다. 다른 한편으로 고무 채취 노동자들은 벌목 노동자들이 사용하는 야영지를 해체해서 그들을 몰아내기도 했다. 이런 상황에서 지주들은 항상 법원에 경찰 보호를 신청했고, 그로 인해 우리는 종종 경찰들로부터 공격을 받기도 했다. 지주의 요청에 따라 경찰 진압이 이루어지고 우리 중 많은 사람이 체포되었다. 사법 제도는 늘 지주가 원하는 대로 작동했다.

한 가지 중요한 점은 남성과 여성, 어린이 등 공동체 전체가 엠파치에 참여한다는 것이다. 여성들은 경찰이 우리를 쏘지 못하도록 최전방에 선다. 경찰은 자신들이 총을 발포하면 여성들과 어린이가 죽으리라는 것을 알기 때문에 쉽사리 총을 겨누지 못했다.

나는 적어도 네 번 정도 우리가 경찰에 체포되었던 순간들을 기억한다. 경찰은 우리를 강제로 바닥에 엎드리게 해놓고 폭력을 가했다. 그들은 피범벅이 된 우리 몸을 트럭에 던졌지만, 우리는 한목소리로 찬송가를 불렀다. 백 명이 넘는 사람들이 경찰서에 도착했으나 우리를 가둬놓을 공간이 부족해서 우리는 복도에 서 있어야 했다. 결국 경찰은 우리를 놓아주어야 했다.**

우리의 목표는 100명에서 200명에 이르는 동료가 전기톱과 큰 낫을 든 벌목꾼들의 전진을 막기 위해 엠파치에 참여하는 동안 다른 한 팀은 샤푸리에서 일어나고 있는 상황에 대한 정보를 모으게 하는 것이었다. 한편으로 우리는 브라질 전역과 전 세계에 현 상황을 확실하게 알리는 또 하나의 단체를 조직하고자 했다. 이는 우리가 최근에 조직하기 시작한 활동이다.

우리가 당면한 문제 중 하나는 지주에 관한 것이었다. 그들은 자신이 폭력을 사용해 얻어낸 결과에 상당히 만족스러워했다.* 실제로 그들은 여태까지 몇 번의 암살을 성공시켰기에 나는 지금 이 순간에도 긴장의 끈을 놓지 못한다. 우리는 그들이 몇몇 일반 노동자들을 무리에서 떼어내는 것을 시작으로 그 후 지도자까지 공격한다는 것을 알고 있다. 올해(1988) 그들은 이제 막 지도자로 이름을 날리고 있던 이바르를 죽였다. 이바르는 교회를 통해 우리 투쟁에

---

* 이런 식으로 악행이 처벌되지 않는 사회적 경험이 축적되면 언젠가 더 많은 사람이 '문제가 생기면 폭력으로' 해결하려 들 것이다.

참여하여 요령을 배워가던 참이었다.

　나는 비극이 반복되는 모습이나, 누군가 죽는 모습을 더는 보고 싶지 않았다. 그 비극의 주인공이 내가 되었든 동료가 되었든 죽음은 무의미했다. 죽은 자를 무기로 사용할 수는 없다. 시체는 아무것도 해결할 수 없다. 만일 그런 방식이 통한다면 이곳은 분명 지옥과도 같은 곳이 될 것이다. 우리는 그런 참사가 일어나지 않도록 최선을 다할 것이다. 하지만 만에 하나 그런 상황을 맞닥뜨리게 된다면 우리 측은 100명, 150명, 200명의 노동자가 단결하여 싸울 준비가 되어 있으리라는 것 역시 나는 확신한다. 하지만 이는 곧 샤푸리에서 유혈사태와 억압 그리고 그 외의 많은 일이 일어날 것임을 의미하는 것이기도 하다.

　우리는 그런 일이 일어나지 않기를 바란다. 우리는 지금처럼 비폭력적인 방식으로 저항운동을 하고 싶다. 우리는 체포 영장을 발부받음으로써 알베스파(Alves)를 막을 수 있었다. 이제 모든 것은 법원의 몫이었다. 자신들이 해야 할 의무를 다할지, 그리고 법을 정당하고 공평하게 준수할지의 여부는 그들에게 달려 있었다.

　이 일은 우리가 지역사회로부터 어느 정도 호의를 얻어내는 데 도움이 되었다. 예를 들어 예전에는 나와 어울리지 않았던 사람들이 요즘에는 나를 찾아와 응원의 말을 건네기도 한다. 그리고 중산층 사람들은 우리가 무장 용병들과 맞서 싸우는 것이 얼마나 용감한 일인지 상기시켜 주었다. 비록 범죄를 저지른 사람들이 아직 체포되지는 않았지만, 그들이 우리에게 정치적으로 패배했다는 것은 모두가 아는 사실이 되었다.

우리에게 중요한 점은 정치적인 영향력을 계속 생산해내는 것이다. 우리는 국가적 혹은 국제적인 차원에서 언론과 로비 단체가 주는 압력이 곧 우리의 저항운동에 유의미한 결과를 가져온다는 것을 알고 있었다. 따라서 우리가 내린 결론은 적대자들과 대결 구도를 취해서는 안 된다는 것이었다.

그러나 불안감이 요동쳤던 지난 5월 카쇼에이라 집회에서 나는 이와 관련된 내용을 주장했다가 궁지에 몰렸다. 물론 그런 열악한 상황에서조차 침착함을 유지할 수 있다는 것은 장점이긴 하다. 그렇지 않았다면 어떤 일이 벌어졌을지는 나도 감을 잡을 수 없다. 특히 그날은 많은 노동자가 피켓 시위는 이제 할 만큼 충분히 했으니, 이제부터는 더 급진적인 전략을 펼치자고 제안했다. 사실 그들은 경찰과 용병들을 상대로 무장투쟁을 조직하고 싶어 했다. 그렇다. 노동자들은 대결을 원했다. 그러나 나는 최악의 사태가 벌어질까 봐 두려웠다. 그래서 적어도 당분간은 비폭력적인 방법으로 운동을 계속해야 한다고 주장했고, 폭력을 사용하게 될 경우 우리가 받고 있던 정치적 지지에 어떤 변화가 생길지 보여주려고 노력했다. 그날의 회의는 매우 활기찬 동시에 민주적이었고, 여러 의견이 오갔던 좋은 토론 시간이었다. 집회에는 대략 400명의 사람이 참석했는데 그날 집회가 끝날 무렵 그중 85명 정도가 무장투쟁을 하는 데 찬성표를 던졌다. 나머지는 비폭력적인 저항운동을 계속하자고 의견을 모았다.

고무 채취 노동자 협동조합

고무 채취 노동자 협동조합을 조직하는 것은 전국 고무 채취 노동자협의회의 핵심 계획이다. 이 아이디어는 채굴 보존 지역 개념을 만들자는 제안에 뒤이어 제시되었다. 우리는 고무 채취 노동자들의 경제적 상황을 개선할 방법을 찾아야 했다. 이들은 너무나 많이 착취당한 나머지 자기가 살던 땅에서 쫓기듯 떠나 도시에 정착하기 위해 모험을 감행해야 했다. 정부와 지주들은 고무 채취 노동자들이 땅을 포기하고 떠나기를 바라는 마음에서 그들을 정글 한가운데, 즉 아무것도 없는 완전한 빈곤 속에 그들을 내버려둔다.

전국 고무 채취 노동자협의회는 노동자들에게 더 나은 생활 여건을 마련해주기 위해 싸운다. 고무 채취 노동자들이 사는 곳인 숲에 앞으로도 미래가 있다는 것을 느끼게 하기 위해서다. 협동조합은 이미 몇 가지 성공을 거두었다. 지금까지 우리는 자체적으로 자원을 마련했지만, 조직화를 위해 조만간 5백만 크루자(5,400파운드)를 지원받을 것이라는 소식도 들었다. 영국 교회 협의회(British Council of Churches)에 속한 크리스천 자선단체는 우리에게 보조금을 주기로 약속했다. 그들에게는 적은 돈이지만, 우리에게는 큰 금액이다. 우리는 이 지원금이 지급되면 이 돈으로 고무 생산 지역에서 전략적인 위치에 있는 고무 수집 지점들을 연결하는 운송 시스템을 개선하려 한다. 이 프로젝트는 내가 런던에 방문하여 크리스천 자선단체 관련자들을 만나 거둔 성과였다. 추후 그들의 대표는 우리가 한창 엠파치를 진행하고 있을 때 방문했다. 그는 우리의 상황을 이해했고 적은 금액일지라도 보조금을 지급하기로 했다.

협동조합은 고무 채취 노동자들이 당면한 문제에 대해서 호소하는 역할도 맡아야 하지만, 노동조합에 가입하고자 하는 소작농에게도 같은 혜택을 제공해야 한다. 우리는 협동조합이 펼치는 활동이 샤푸리를 훌쩍 넘어 아크리계곡 전체, 나머지 아크리주, 궁극적으로는 아마존 지역 전체로 확산하기를 바라고 있다. 시간이 오래 걸리겠지만, 우리는 기어이 해낼 것이다.

노동자의 건강은 무엇보다 중요하다

노동조합은 1985년부터 노동자의 건강이라는 주제에 대해서도 접근하기 시작했다. 당시 우리는 주 보건부 장관을 어느 정도 신뢰하고 있었다. 그가 바로 호세 알베르토(Zé Alberto)***다. 알베르토는 노동자의 권리, 특히 고무 채취 노동자들의 권리를 증진하는 문제에 집중했다. 그가 보유한 의료팀은 고무 채취 노동자의 투쟁에 관심을 가진 헌신적인 의사들로 구성되어 있었다. 그들은 특히 노동자들이 더 건강하게 살아갈 수 있는 제도를 구축하기 위해 노력했다. 1년 반 동안 의료 센터를 6개 건립하면서 노동자의 건강을 증진****하는 일이 대의(大疑)를 성취하는 과정에서 얼마나 중요한 문제인지 알리려고 애썼다.

불행히도 우리는 이 작업을 이어나갈 수 없었다. 주(州) 안에서 노동운동을 주도하는 세력에 동조하는 모든 이들에게 압박이 가해졌는데, 알베르토와 의료팀에게도 예외는 아니었다. 그러나 노동자의 건강증진을 목적으로 모인 의사들은 헌신적인 사람들이었기에 작업은 일정 부분 계속되었다. 이들 중 일부는 계약서도 없이 3년 동안 한 푼도 받지 못한 채 일하는 사람도 있었다. 하지만 불평하거나 불만을 토로하기는커녕 자신의 사명에 대해 인지하고 있다는 것을 온몸으로 보여주었다. 현재, 그들 활동가 중 일부는 직업을 갖게 되었으며, 주 보건부에서 적절한 급여도 받고 있다.

우리가 마주한 가장 심각한 문제는 의료 센터에서 사용할 약품과 장비가 부족하다는 점이었다. 샤푸리 시의회는 우리 의료 센터가 알약 하나라도 받아 갈까 봐 철저하게 통제하고 감시했다. 우리는 필요한 의약품이나 물품을 병원에서 받을 수밖에 없었는데 물론 그것으로 충분하지 않았다. 따라서 전국 고무 채취 노동자협의회를 통해 다른 출처로부터 지원받는 방법을 찾으려고 애쓰기 시작했다.

예견된 죽음

우리의 저항운동은 고무 채취 노동자에게 반드시 필요한 조건이 무엇인지 알아가는 과정과 함께 성장했다. 그러면서 수많은 시행착오를 겪었지만 그것을 쓸모없는 경험이라고 말할 수는 없다. 그로부터 역시 많은 것을 배웠기 때문이다. 여러분도 알고 있겠지만, 사람은 누구나 자기 자신을 스스로 돌볼 수 있어야 하고, 싸울 줄 알아야 하며, 창의적이어야 한다. 바로 이 방법으로 우리는 저항운동을 구축해나갔다. 우리는 삶의 고유한 방식을 지키기 위해 스스로 싸워야 한다는 것을 잘 알고 있었다.

1980년 7월 21일, 지주들은 윌슨 피녜이루를 죽였다. 같은 해 7월 27일, 브라질레이아에 있던 동지들은 직접 정의를 구현하기로 결정을 내렸다. 그래서 윌슨 살해 작전에 가담했던 무뢰배 중 한 명인 닐로 세르지오를 살해했다. 하지만 그것으로 사건이 일단락될 리 없었다. 동지들은 경찰에게 폭력을 당하고 고문을 당했다. 그 후 과연 어떤 일이 벌어졌는가? 조직력이 약했던 풀뿌리 단체가 흔들렸고, 저항운동은 점점 힘을 잃었다.

전국농업노동자연맹은 노동조합을 대하는 자신들의 태도를 두고 해명해야 할 게 많다. 전국농업노동자연맹이 물론 노동조합을 세우는 데 중요한 역할을 하고 자리 잡도록 도운 것은 사실이지만, 그들은 정작 풀뿌리 단체나 새로운 지도자와 활동가를 양성하는 데엔 관심이 조금도 없었다. 지주들은 1980년 6월 우리와 만남을 가진 후 노동조합이 오직 지도자 중심으로 돌아가고 있다는 저항운동의 약점을 간파했다. 그래서 "우리가 윌슨 피녜이루와 치코 멘데스를 죽이면 아크리 노동조합운동은 곧 끝날 것이다"라고 결론을 내린 것이다.

그 당시 샤푸리에 있던 사람들은 모든 사안을 함께 논의하곤 했다. 나는 샤푸리 지역의 또 다른 전국 고무 채취 노동자협의회 핵심 지도자인 라이문도 데 바로스(Raimundo de Barros)와 함께 지내며 일하고 있었다. 윌슨 피녜이루가 살해당한 후 나는 3개월간 다른 곳으로 거처를 옮긴 터였다. 이후 라이문도와 만나 다음과 같은 이야기를 나누었다. "동지, 우리는 지금 헤어져야 합니다. 계속 함께한다면 언젠가 적들이 우리를 쫓아와 둘 다 죽일 테니 말입니다. 그러나 지금 우리가 갈라져 활동한다면 그들이 설령 당신을 죽인다 해도 나는 운동을 이어나갈 수 있지 않겠습니까? 그 반대의 경우도 마찬가지죠. 그들이 나를 죽이면, 당신이 이 일을 계속해나가면 됩니다."

그 이후로 우리는 다시는 함께 지내지 않았다. 6개월에서 1년에 한 번꼴로 내가 라이문도의 담당 지역으로 가거나 그가 내 지역을 찾아와 만남을 이어갔다. 오늘날에는 상황이 많이 나아졌다. 지역마다 투쟁에 전념하는 다른 동료들도 있으니 말이다. 그러니 이제는 내 담당 지역을 떠날 때 그리 큰 걱정을 하지 않아도 된다.

지도자들은 자기 얼굴을 자주 드러내지 않지만, 언제든 곧바로 운동에 뛰어들기 위해 늘 주변에 있어야 한다. 여러분에게 그들 중 일부를 소개하겠다. 예를 들어보자. 카쇼에이라에는 훌륭한 지도자인 마노엘 커스토디오가 있다. 라이문도 몬테이로와 루이스 타지노 등 기타 젊은 활동가들은 각 지역에서 지도자로서 첫발을 내디뎠다. 놀랍다고까지 표현할 수 있는 또 다른 젊은 지도자 후안

테세이라도 빼놓을 수 없다. 겉모습을 보면 도저히 활동가라고 믿기지 않겠지만, 이야기를 나눠보면 곧 그가 풀뿌리 조직의 튼튼한 지지 기반을 확보하고 있으며 훌륭한 투지를 갖춘 지도자라는 것을 알 수 있을 것이다.

바로 후안 같은 지도자들이야말로 우리 운동이 발전함에 따라 거두게 된 훌륭한 결실인 셈이다. 우리는 투쟁의 모든 단계를 마친 후 스스로를 평가하고 그간의 경험에서 어떤 것을 배웠는지 점검하곤 한다. 투쟁은 또한 우리에게 현실적인 깨달음도 주었다. 매일 무언가를 배우며 성장한다는 점과 동시에 그 누구든 총에 맞아 죽는 희생자가 될 수도 있다는 점 말이다.

우리는 이상을 실현하기 위해 운동에 참여했다. 절대 이전으로 돌아가지는 않을 것이다. 투쟁을 포기하기에는 우리의 뿌리가 이미 너무나 깊게 뻗어내렸음을 알고 있는 탓이다. 저항운동은 곧 명예의 문제이며 원칙의 문제다. 우리 중 그 누구도 우리의 저항운동을 배신하지 않을 것이다. 우리 모두 함께하는 정신, 사랑의 정신을 키우기 위해 온몸으로 싸워왔다. 그러니 만일 우리의 저항운동을 말살하고 싶다면 우리 모두를 죽이는 길밖에 없을 것이다. 그러나 나는 그들이 마음대로 하게 내버려두지 않을 것이다. 더는 냉랭한 기분이 들지 않는다. 나는 이제 죽음을 두려워하지 않는다. 그들은 절대로 우리를 파괴할 수 없다. 이것은 거스를 수 없는 사실이고, 나는 이 점을 잘 알고 있다. 우리 중 누군가가 죽더라도 저항은 계속될 것이고, 우리의 운동은 점점 더 강력해질 것이다.

깊이 읽기18   농산물 협동조합

고무 채취 노동자 협동조합에 대한 아이디어는 고무 채취 노동자 프로젝트에서 처음 시도되었다. 고무 채취 노동자들은 사유지에서 살면서도 전통적인 부채 제도로 인한 속박에 묶여 있다. 샤푸리 대부분 지역에서 그러하듯 오래된 제도가 무너지면 토지 의존도는 낮아진다. 선주민들은 대대로 해오던 노동 활동에 의존하기보다 보트나 노새를 타고 숲에 들어온 자본가 상인들에게 의존하게 된다. 고무 채취 노동자들은 자신에게 필요한 공산품을 엄청나게 부풀려진 가격에 사들여야 한다. 상인들은 설탕 같은 주요한 공산품의 가격을 500퍼센트까지 인상했는데, 놀랍게도 이러한 말도 안 되는 일이 일상다반사로 벌어졌다. 그러나 이들에게는 저항할 힘이 없다. 고무 채취 노동자들은 대개 물리적으로 격리된 것과 마찬가지여서 불합리한 시장에 대한 선택권이 거의 없기 때문이다.

그러나 서로 이웃해 있는 고무 채취 노동자들이 협력한다면 다른 선택이 가능하다. 고무와 브라질너트를 공동으로 비축했다가 이 농산물들을 가장 가까운 마을로 직접 가져가서 판매하는 시스템을 만든다면 좋은 가격으로 판매하고 자신들에게 필요한 공산품을 도매가로 대량 구매하는 일 역시 가능할 것이다.

이러한 작업은 곧 협동조합을 시작하면서 운송에 필요한 노새나 보트를 구매하는 데 드는 초기 자본을 마련할 수 있다는 뜻이다. 1980-1983년에 고무 채취 노동자 프로젝트는 샤푸리 주변 숲에 있는 세 곳에서 이 아이디어를 직접 시험했다. 옥스팜이 자금을 제공해준 덕분에 가능했던 일이다. 이 같은 마케팅과 구매방식을 통하면 고무 채취 노동자들

은 자신의 생산 기술이나 생산 수준을 바꾸지 않아도 고무를 수확하는 철 (4월-12월)이나 연말이 되었을 때 적절한 현금 수입을 보장받을 수 있다. 이 프로젝트는 협동조합의 자본을 재조정하고 각 고무 채취 노동자에게 배당금을 제공하는 데 큰 도움을 주었다.

이를테면 고무 채취 노동자들이 길가에 여분의 고무나무를 심거나 숲에 과일이나 야자수를 추가로 심어서 생산량을 늘릴 수 있다면, 기존의 산림 거주자에게 보상하는 산림 생산 제도를 구축할 수 있게 되는 것이다. 또한 브라질의 다른 소규모 생산자 집단을 보호하고 식민화 및 산림벌목 계획이 초래할 생태재앙에 대한 대안적인 지역 개발 전략도 세울 수 있다.

이러한 협동조합에는 특히 프로젝트 자체를 관리하기 위해 고무 채취 노동자를 훈련해야 하는 어려움이 따르지만, 이것이 바로 전국 고무 채취 노동자협의회가 채굴 보존 지역에 도입하려고 하는 사업 모델이다.

6장

오래된 미래, 그 너머로

투쟁의 전망이 이전보다 훨씬 밝아졌다. 지난 15년간 우리가 이룩한 성과는 사실 바다에 떨어진 물 한 방울과도 같다. 현재 일부 지역은 채굴 보존 지역으로 지정되었고 다른 지역도 검토 중이지만, 아마존 사람들이 사는 전체 지역을 놓고 보면 아직 1퍼센트도 해당되지 않는다. 그러나 우리는 첫걸음을 내디뎠고 미래에 대해 낙관적이다.

1975년부터 브라질레이아와 샤푸리 지역 고무 채취 노동자들은 마흔다섯 번의 엠파치를 진행했다. 이로 인해 시위에 참여한 400명 정도가 체포당하고, 40건의 고문이 있었으며, 일부 동료는 암살당하기까지 했다. 그러나 우리의 저항으로 1,200,000헥타르(영국 영토의 5퍼센트 정도) 이상의 숲을 지켜냈다. 우리는 열다섯 번 승리했고 또 서른 번 패배했지만, 그만한 가치가 있었다.

우리의 또 다른 중요한 성과 중 하나는 협동조합을 설립한 것이다. 협동조합은 고무 채취 노동자가 처한 근본적인 경제적 문제 중 일부를 해결할 것이다. 게다가 고무 채취 노동자 스스로가 협동조합을 운영한다!

해외로부터 받는 지원도 매우 중요하다. 우리는 조금씩 브라질에서도 해외와 유사한 수준의 지원 체계를 구축하고 있으며, 우리 이야기를 대중에게 알리는 데 성공했다고 생각한다. 이 모든 과정이 우리가 채굴 보존 지역을 확보하는 데 도움을 주었다.

1988년 6월 30일, 농협개혁개발부 지역 대표는 카쇼에이라 고무 농장은 절대로 정부에 수용되지 않을 것이라고 장담했다. 하지만 불과 30일 후, 정부에서 카쇼에이라를 강제 수용하라는 명령이 내려왔다. 그 이후로 상 루이스 두 레만소(São Luís do Remanso)의 또 다른 보호구역을 지정했다. 이곳의 보호구역은 주 수도인 히우 브랑쿠와 샤푸리시의 경계에 있는 40,000헥타르(약 150평방마일)의 땅이다. 약 40,000헥타르의 또 다른 지역이 브라질레이아 지방자치단체에 따로 할당되었다. 고무 채취 노동자들과 전국 고무 채취 노동자협의회가 주도한 캠페인 덕분에 아시스 브라질과 혼도니아, 아마조나스, 아마파주에도 보호구역을 제안할 수 있었다. 내가 잘 모르는 세나 마두레이라(Sena Madureira) 시의 마타낭(Matanã)에도 60,000헥타르의 또 다른 지역이 있다.

우리가 거둔 승리는 전국 고무 채취 노동자협의회가 조직한 저항운동의 산물이며, 아마존을 위해 벌이는 우리의 싸움을 전 세계에 퍼뜨리는 데에도 성공했다.

고무 채취 노동자들은 그 어느 때보다 싸울 준비가 단단히 되어 있다. 우리의 사기를 끌어 올리는 데 가장 결정적인 역할을 한 것은 카쇼에이라 노동자들의 승리였다. 그들의 승리는 지역 전체에 엄청난 영향을 미쳤다. 사람들은 그곳의 고무 채취 노동자들이 살벌한 암살자를 마음대로 고용하여 조종할 수 있는 강력한 지주와 맞서 싸우고 있다는 점을 알고 있었다. 3월 18일부터 4월 중순 사이에 우리는 숲 한가운데서 거의 400명에 달하는 사람들로 구성된 피켓 시위를 벌였다. 그들 모두는 단 한 명의 지주도 숲 근처에 얼씬거리지 못하게 하리라고 다짐했다.

우리는 고된 길을 선택했다

전국 고무 채취 노동자협의회를 설립하고 아마존 지역 전체에 고무 채취 노동자 단체의 조직력이 강화되었지만, 우리 앞에는 멀고 험난한 길이 놓여 있을 따름이다. 제헌의회에서 농지개혁안이 부결된 이후, 이제는 우리가 직접 나서서 큰 싸움을 벌여야 할 차례가 되었다는 것을 말이다.

우리는 지주들이 지닌 막강한 정치적 권력에 맞서고 있다. 지주들의 활동 단체라고 볼 수 있는 농촌민주연합은 브라질 전역과 의회에 큰 영향력을 행사하고 있다. 농지개혁안을 무산시킨 존재가 바로 지주들이었다.

이곳 샤푸리에서 농촌민주연합은 점차 존재감을 드러내기 시작했다. 1988년 4월, 아크리에 농촌민주연합이 공식적으로 설립된 이후 샤푸리에서는 무장 용병의 수, 노동자에 대한 암살 및 암살 시도가 늘어났다. 암살자들은 사실상 농촌민주연합의 무장 세력과 다를 바 없으며, 우리를 제거하는 게 최종적인 목표다. 우리는 매우 어려운 상황에 처한 것이다. 하지만 샤푸리에 너무 많은 관심이 집중되는 것을 막기 위해 어떻게든 아마존의 나머지 지역에서 새로운 지도자를 영입하고, 또 그들과 함께 저항운동을 구축하기 위해 빠르게 대처해야 했다.

다른 하나의 큰 과제는 여론을 동원해 정부가 더 많은 토지를 수용해 채굴 보존 지역으로 지정하도록 압력을 가하는 것이다.

우리가 걱정하는 또 다른 문제는 정부가 고무 채취 노동자들이 조직화되지 않고 전국 고무 채취 노동자협의회가 관여하지 않는 지역에 채굴 보존 지역을 예정해 놓았다는 점이다. 우리는 이 지역에서 정확히 무슨 일이 일어나게 될지 걱정하고 있다. 우리는 고무 채취 노동자들 스스로가 자기 삶의 고삐를 잡고 있을 때 비로소 행복을 느낀다는 것을 확신한다.

우리는 정부가 더 많은 지역에 강제 수용 명령을 내리기를 요구한다. 우리가 수용하려는 지역은 브라질너트와 고무나무가 많이 밀집한 지역, 양질의 활엽수가 풍부한 지역, 혹은 방화 위험이 있는 지역이다. 대다수의 고무 채취 노동자가 앞서 열거한 지역에 주로 거주하며 거기서 일한다. 그러나 우리는 그보다 훨씬 더 나아가고자 한다. 방목지로 둘러싸인 채 고립된 채굴 보존 지역을 만드는 것은 좋지 않다. 정부는 앞장서서 고무 채취 노동자가 살아가고 있는데도 토지 분쟁이 여전히 분분한 지역을 적극적으로 수용해야 할 것이다.

우리의 두 번째 요구 사항은 고무 채취 노동자가 직면한 교육과 건강, 경제적 문제와 관련이 있다. 우리는 정부가 보호구역에서 노동자들을 위한 적절한 교육과 건강 프로그램을 시행하고 고무 판매를 위한 더 나은 제도를 만들어 정착시키기를 원한다. 만일 이런 일이 일어난다면, 고무 생산량을 효과적으로 늘리는 동시에 고무 채취 노동자가 숲과 일체감을 느끼고, 숲을 보호하기 위해 훨씬 더 적극적으로 싸울 수 있을 것이다.

우리는 지주들의 폭력으로부터 주민들을 보호하는 방법을 찾고 싶다. 그러나 우리 사람들을 보호하기 위한 자기방어 체계를 조직하는 것은 아직 초기 단계에 있으며, 맥락에 따라 무엇을 어떻게 조직해야 하는지도 아직 확실치가 않다.

우리는 무엇을 해야 할까? 얼마나 멀리 갈 수 있을까? 많은 문제에 대해 아직 논의 중이다. 우리는 제2차 고무 채취 노동자 전국회의에서 이 질문을 더 심도 있게 다룰 수 있으리라고 본다. 앞으로 농촌민주연합의 세력은 계속 강해져 상황은 더 안 좋아질 것이므로, 우리는 이러한 상황에 대비하여 자기방어 계획을 수립해야 할 것이다. 이 모든 일에서 우리의 유일한 목표는 고무 채취 노동자의 저항운동을 강화하여 아마존을 보호하는 일이다.

에필로그

치코 멘데스는 1988년 12월 22일, 목요일 오후 6시 45분에 총에 맞았다. 치코는 저녁 식사 전에 씻기 위해 정원 아래쪽에 있는 별채로 내려갈 준비를 마치고는 부엌문을 열고 계단 꼭대기에 서 있던 참이었다. 그 당시 상파울루에서 온 법의학 전문가에 의하면 치코는 8.2미터 정도 떨어진 거리에서 20게이지 산탄총 한 발에 맞았다. 어깨에 18조각, 가슴에 42조각의 파편이 박혔다.

희생자가 자기 죽음을 그렇게 정확히 예언하는 경우는 드물다. 1988년 10월 28일, 치코는 아크리의 주지사와 주의 공안부장관, 연방경찰의 지역 감독, 샤푸리 담당 판사에게 누군가 자신을 죽이려는 계획을 세우고 있다는 내용의 편지를 보냈다. 치코는 달리와 알바리노 알베스 다 실바 형제를 주동자로 지명했다. 그리고 지역 정치인을 포함한 관련자들 12명의 이름도 나열했다. 11월 1일, 치코는 상파울루에 있는 브라질 노동자 중앙회 본부에 자신의 죽음을 암시하는 소식을 전했다. 치코는 편지로 달리와 알바리노 휘하에 30명으로 구성된 암살자 집단이 샤푸리에 있으며, 그들이 자신을 죽이겠다고 위협했다는 내용도 함께 보냈다. 11월 29일, 치코는 주지사와 공안부장관, 브라질리아 연방경찰청장에게 자신의 생명이 위협당하고 있다는 내용을 다시 한번 전했다. 또한, 치코는 샤푸리의 알베스 다 실바 목장 파젠다 파라냐(Fazenda Paraná)에서 지역 지주들이 모여 암살을 계획한 세부 정황이 포착된 정보를 보내기도 했다. 12월 2일, 치코는 지역신문사인 〈가제타 아크리Gazeta do Acre〉에 가서 연방경찰청장이 알베스 다 실바 형제와 동맹 관계라고 주장했다. 12월 5일, 치코는 브라질리아에서 연방경찰서장과 법무부장관, 사르니 대통령에게 텔렉스*를 보냈다. 자신을 죽이려는 알베스 다 실바 형제의 음모도 다시 한번 비난했다. 같은 날, 아크리주 경찰국장은 달리 알베스 다 실바의 아들 중 하나인 다르씨 알베스 페레이라에게 무기 면허증을 허가했다.

12월 6일, 당시 농촌민주연합 지역 지부 회장이 소유한 또 다른 지역신문사인 〈오 히우브랑쿠O Rio Branco〉에 그는 '대형 폭탄(Large Bomb)'이라는 제목을 단 비밀 메모를 게재했다. 내용은 다음과 같다.

"곧 200메가톤급에 달하는 폭탄이 폭발할 것이고, 그 파급효과는 전국에 미칠 것이다. 이야기가 끝날 무렵에 중요한 사람들이

---

* 가입전신이라고 한다. 전신 타자기를 이용하는 것으로 일종의 공중교환 전환망이다. 주로 텍스트 기반의 연락을 취할 때 사용한다.

다칠 수도 있다. 우리의 출처는 믿을 만하니 두고 보기를 바란다."

12월 17일 밤, 아크리에서 동네 병원을 운영 중인 볼리비아 출신 의사가 히우브랑쿠 클럽에서 카드놀이를 하고 있었다. 그는 동료 도박꾼으로터 치코 멘데스가 '5일 이내에 죽을 것'이라는 이야기를 들었다. 그 동료는 고무 농장의 지주이자 치코의 10월 28일자 편지에 언급된 사람 중 한 명이었다. 수다스러운 도박꾼은 한술 더 떠서 지금 가게 밖에 무기를 싣고 샤푸리로 가져갈 준비가 끝나 있는 픽업트럭이 주차되어 있다고 말했다. 트럭은 당시 히우브랑쿠 시장의 것이었으며, 운전사는 시장의 경호원 중 한 명이었다. 의사는 양심의 가책을 느끼고 한 친구에게 자기가 들은 바를 그대로 들려주었고, 그 친구는 주교를 찾아갔다. 주교는 치코가 2주 전에 자신에 대한 음모의 일부로 암살 시도가 있다는 메시지를 보냈던 바로 그 연방경찰청장을 찾아가 도움을 청했지만, 헛된 일이었다.

친구들의 만류에도 치코는 크리스마스를 가족과 함께 보내기 위해 샤푸리로 돌아왔다. 그는 자신이 무엇을 해야 할지 알고 있는 사람처럼 보였다. 아니, 운명을 정면으로 마주하기로 선택한 것처럼 보였다. 치코가 지난 몇 주 동안 당국에 여러 차례 경고했음에도 주 정부에서는 경호원 두 명을 파견하기로 한 것 외에는 아무 일도 하지 않았다. 치코는 정부가 자신을 보호하기 위해 더는 아무것도 하지 않으리라는 것을 잘 알고 있었다. 브라질 당국에 치코는 기껏해야 자기 분수를 모르고 설쳐대는 말썽꾸러기 그 이상도 이하도 아니었다. 최악의 경우라 해도 치코는 정치적으로나 경제적으로 그들을 위협하는 위험한 급진주의자일 뿐이었다(실제로 브라질리아 연방 당국에까지는 치코의 존재가 알려지지 않았을지도 모른다). 12월 21일, 샤푸리로 돌아온 치코는 여동생과 친구에게 새해에는 만나기 어려울 수도 있다고 말했다.

살인의 배후에 있는 지역 지주와 정치인은 치코 멘데스의 죽음이 크리스마스 연휴에 가려지고, 그저 농촌 폭력 통계(1988년에 토지나 노동 분쟁으로 인해 또 다른 101명의 노동자가 살해된 사건) 중 일부로 집계될 것으로 생각했겠지만, 그들은 48시간도 채 안 돼 자신들이 실수했다는 것을 깨달았다. 치코의 사망 소식은 단 몇 시간 만에 전 세계로 퍼져나갔다. 문자 그대로 국제적인 뉴스가 된 것이다. 그러나 브라질 국내 언론은—사실 더 많은 관심을 가져야 했지만 그럴 만한 상황이 아니었다— 이 이슈를 크게 보도하지 못했다. 그럼에도 토요일 오후, 주교가 히우브랑쿠 대성당에서 추도식을 진행하고자 했을 때 성당은 치코를 추도하러 온 사람들로 인산인해를 이루었다. 브라질 남부의 정치인과 노동조합 지도자들도 속속 도착해 고무 채취 노동자 수백 명과 함께 샤푸리에서 열린 장례식에 참석했다. 연방경찰국장은 개인적으로 치코의 죽음을 조사하기 위해 상파울루에서 법의학 전문가를 데리고 브라질리아에 도착했다.

치코와 리우데자네이루에 있는 녹색당 사이의 주요 연결책 중

한 명인 여배우 루셀리아 산토스(Lucélia Santos, 1957-)는 장례식에서 돌아오는 길에 파젠다 파라냐에서 실바와 그의 가족들이 치코의 죽음을 축하하며 바비큐를 하고 있는 것을 목격했다. 경찰이 그녀의 신고를 받고 도착했을 때 그와 가족들은 이미 숲속으로 도망간 뒤였다.

12월 26일, 다르씨의 22살짜리 아들 다르씨 알베스 페레이라가 은신처에서 나와 자수했다. 그는 살인을 자백하고 자신이 단독 범행으로 치코를 죽였다고 주장했다. 카쇼에이라 사건에서 겪은 가족의 굴욕에 비추어 아버지의 명예를 변호했다고 덧붙이면서 말이다. 과학 수사대가 수집한 증거에 따르면 페레이라는 사건 당시 치코의 정원 아래쪽에 있는 은신처에 있었고, 그곳에서 총을 쏠 수 있었다고 밝혔다. 더불어 그때 적어도 두 명의 사람이 있었다는 정황을 알게 해주는 증거도 여럿 나왔다. 범인들이 매복 시 사용했던 물건들이 그 사실을 입증해준다. 그들은 사건 현장에 우비와 담배 두 갑, 빈 소시지 통 다섯 개, 플라스틱 빗, 양말과 거울, 병 두 개를 남겼다. 달리와 알바리노 알베스 다 실바 목장과 그들의 일꾼 중 암살범으로 추정되는 세링호 페레이라에 대한 수색은 계속 이어졌다. 1989년 1월 7일, 달리 알베스 다 실바가 경찰에 자수했다. 하지만 그는 자신의 결백을 주장했다. 실바는 사람들이 자기 가족을 '마녀사냥' 하고 있다고 비난했으며, 다르씨의 자백을 불신하는 태도를 보였다. 다르씨는 자신이 협박을 받아 자백했던 것이라 주장하면서 갑자기 자백을 철회했다. 샤푸리 판사인 아르데어 롱기니는 1989년 2월 초에 기소 절차를 진행했으며, 증거에 기초하여 달리와 다르씨를 배심원 재판에 맡겼다. 브라질 형법상 피고인이 부재중일 경우엔 재판을 진행할 수 없었기에 흔적도 없이 사라진 알바리노 알베스 다 실바와 자데이르 페레이라는 재판을 할 수가 없었다. 파젠다 파라냐에 기반을 둔 암살자 집단의 다른 구성원을 기소할 증거도 충분하지 않았다. 그중 한 명인 제쟈오는 다르씨가 자백하기 전 샤푸리에서 살해되었다.

알베스 다 실바는 누구이며 어떻게 샤푸리로 왔을까? 그리고 치코 멘데스에게 어떤 원한을 가지고 있었던 것일까?

1990년 12월, 달리와 다르씨의 재판에서 지난 30년간 실바 가족에 의해 자행된 또 다른 살인 사건 12건이 드러났다. 그들이 브라질 전역에 핏자국을 남긴 것이 증거와 함께 밝혀졌다. 할아버지 세바스티앙 알베스 다 실바와 그의 아들 달리와 알바리노, 다리, 이삭, 그리고 그들 각각의 아들들을 포함해 모두 무식하고 문맹인 토지 투기꾼과 지주로 구성된 그 가족은 하나같이 모종의 정신병적 특성을 물려받은 듯하다. 적을 처리하거나 모욕에 대응하는 방법은 살인뿐이라고 믿는 것 말이다.

실바 가족은 1958년 남동쪽의 미나스 제라이스(Minas Gerais)의 남동쪽 주에서 도망쳐 나왔다. 그러나 그해 2월 리오 도체(Rio Doce)계곡 중간에 있는 포크라네(Pocrane)에서 살해된 노새 몰이꾼 마노엘 알베스 핀토와 그의 15세 아들을 살해한 혐의로 수배되었다. 그다음, 실바네 가족은 주 남쪽, 농지 경계가 확장되고 있는 파라냐 서부에서 모습을 드러냈다. 해당 지역은 1950년대와 1960년대에 계획된 식민화 정책과 폭력적인 토지 약탈로 자생 소나무 숲이 농업에 자리를 내어준 곳이다. 1973년까지 알베스 다 실바 가족은 그들의 트레이드마크인 잔인함으로 무장하고 이 과정에 참여했다. 1968년에서 1973년 사이에 우무아라나 지방 자치제에서 최소 5건의 살인이 일어났다. 1968년 2월, 살바도르 바스케티와 빈센트 페르난데스 도 카르모가 알바리노에 의해 살해되었다. 1969년 2월, 이웃집 농부 안젤로 우리치는 토지 분쟁 중 달리의 명령을 받은 무장 괴한들에게 살해당했다. 1973년 5월, 지역 상인 안토니오 페레이라 다 실바는 아이작의 총에 맞았다. 1973년 6월, 안젤로의 아들인 아시르 우리치는 달리의 명령에 따라 발포된 총에 맞았다. 아시르의 미망인은 샤푸리에서 진행된 재판에서 증거를 제시했다. 협박에서 살인에 이르기까지의 과정에 대한 자세한 내용은 치코 멘데스의 죽음과 오싹할 정도로 닮은 또 다른 기록이었다.

고용된 암살자들

알바리노는 경찰과 벌인 총격전 끝에 우무아라나에서 사라졌다. 우리치 살해 혐의로 달리에 대한 체포 영장이 발부되자 그도 파라냐를 떠나 아마조니아로 향했다. 1974년경, 그들은 샤푸리에서 첫 번째 땅을 사들였다. 이 시기는 히우브랑쿠에서 브라질레이아까지 도로가 건설되고, 고무 농장 주인들이 손실을 줄이기 위해 예비 목장 주인에게 땅을 매각하던 때였다. 달리는 우무아라나에 있는 250헥타르의 농장을 팔았고 그 수익으로 샤푸리 마을로 가는 갈림길 바로 아래쪽 도로 옆에 있는 2,100헥타르의 토지를 살 수 있었다. 실바 가족은 이곳에서 고무 농장 안에 있던—최근까지도 원시림이었던— 곳까지 파젠다 파라냐로 만들어버렸다. 1978년까지 그들은 2,100헥타르 중 800헥타르를 개간했고 소 680마리를 사들였다. 1990년까지 실바 가족은 토지를 5,000헥타르로 확장하고, 소는 6,000마리로 늘려 지역에서 중간 규모 정도의 목장을 운영하는 목장주가 되었다. 이 과정에서 실바 가족은 일반적인 폭력의 수준을 뛰어넘는 비정상적인 폭력성을 가지고 있다는 평판을 얻게 되었고, 이는 치코 멘데스가 이 책에서도 언급했던 부분이다. 1970년대 중반과 1980년대 후반 사이, 15년이라는 시간 동안 아크리계곡은 도로가 놓이고, 목장주가 고무 농장을 매각하면서 점차 숲에서 목초지로 변해갔다. 고무 채취 노동자들은 대놓고 떠나라는 협박을 받거나, 모욕적인 수준의 보상을 받거나, 아니면 물리적인 힘에 의해 자신들의 터전을 빼앗겼고, 숲은 기어이 개간되었다. 대다수 목장주는 이와 같은 형태로 목장을 만들어나갔는데 알베스다 실바 가족도 그들과 마찬가지였다. 다만 한 가지 다른 점이 있다면 그 모든 과정을 진행하는 데 있어 사이코패스적인 성격을 가미한 폭력을 주로 사용했다는 것이다.

재판의 핵심 증인은 제네시오 페레이라 다 실바라는 15세 소년이었다. 제네시오의 누나는 달리의 다른 아들 중 한 명인 올로씨 알베스 다 실바와 결혼했다. 제네시오는 여섯 살부터 달리가 체포될 때까지 파젠다 파라냐에서 살았다. 달리는 다섯 명의 아내 사이에 자녀 22명을 두고 있다. 1973년 그가 우무아라나에서 도주했을 때 아내 한 명은 그곳에 남아 있었다. 나머지 네 명은 치코 멘데스가 암살당할 당시 파젠다 파라냐에 살고 있었다. 아내 중 한 명인 프란시스카 다 실바 올리베이라는 달리가 경찰에 자수한 다음 날, 끔찍한 죽임을 당했다. 부엌칼로 경정맥이 그어져 있었다. 사건은 자살로 마무리되었지만, '파일 삭제'에 해당하는 일이 아닌지 의혹이 제기됐다. 파일 삭제는 문자 그대로 '흔적 지우기', 즉 정보를 너무 많이 아는 사람을 제거한다는 개념이다. 제네시오는 배심원단 앞에서 그들이 저지른 여러 살인에 대해 자세하게 증언했다. 특히 알베스 다 실바 가족과 미네리뉴 형제(자데이르와 오스카 및 아마데우 페레이라, 목장 주인이자 총잡이다)는 정말 아무것도 아닌 이유로 거리낌이라곤 없이 사람들을 죽였고, 그럼으로써 파젠다 파라냐에 공포 분위기를 조성했다는 것이다. 그들이 저지른 사건은 다음과 같다.

다르치와 올로치, 미네리뉴 형제는 파젠다 파라냐에 물을 구하러 온 볼리비아인 두 명을 '배낭에 무엇을 싣고 있는지 보기 위해' 살해했다(안에 든 물건은 코카인이었다). 볼리비아인에게 신분을 증명하는 공식적인 서류가 있었는데도 그들은 시신을 도랑에 버렸다. 이 시신은 나중에 빈민가의 무덤에 묻혔다(달리가 샤푸리의 경찰 직원을 매수했기 때문에 가능했다).

어느 목장 주인은 달리의 딸 중 한 명과 결혼하도록 허락해달라고 했는데, 그는 곧이어 끔찍한 죽음을 맞이했다. 달리의 명령을 받고 다르씨와 올로치 그리고 미네리뉴 형제가 주인을 살해했으며 시체를 훼손한 것이다.

15세 좀도둑인 제카는 달리에게서 훔친 구충제를 팔고 도망쳤으나 뒤쫓아온 달리에게 살해당했다. 소년의 시체는 길가에 버려졌다.

한 청년은 동네 댄스홀에서 자데이르가 자신의 여자친구에게 치근덕거리자 미네리뉴 형제와 말다툼을 벌였는데, 그 후 묘지 근처에서 숨진 채 발견되었다.

제네시오는 또한 1988년 6월에 다르씨, 올로치, 미네리뉴 형제, 그리고 달리의 조카인 젠틸 알베스 다 실바(달리의 형제인 다리의 아들)가 이바르를 죽였다고 증언했다. 한편, 다르씨와 올로치는 1988년 5월 브라질 연방임업위원회 사무실 총격 사건으로 1990년 6월에 재판을 치렀으며 유죄 판결을 받고 둘 다 징역 12년 형을 선고받았다. 따라서 다르씨는 치코 멘데스를 살해한 혐의로 재판을 받을 당시 이미 감옥에서 다른 징역형을 복역하고 있었던 셈이다.

알베스 다 실바 가족은 대다수 지역 지주들과 보수 정치인들처럼 고무 채취 노동자 운동의 지도부를 향한 적대감을 공유했다. 하지만, 이들에게는 적대감 외에도 치코 멘데스를 제거하고자 했던 구체적인 동기가 두 가지 더 있었다.

카쇼에이라에서의 마지막 결전

먼저 카쇼에이라 사건이다. 카쇼에이라는 치코와 전국 고무 채취 노동자협의회의 시험대였다. 그리고 카쇼에이라는 치코가 태어나 자란 고무 농장이 있는 곳이기에 그가 정서적으로 더 애착을 갖는 곳이었다. 전국 고무 채취 노동자협의회와 샤푸리 농촌 노동조합, 그리고 치코는 카쇼에이라에서 고무 채취 노동자들을 조직화하는 데 각별한 노력을 기울였다. 누가 지시하지 않아도 스스로 움직였다. 더는 지주가 고무 농장을 통제하지 않았고, 치코는 정부가 해당 지역을 수용하고 채굴 보존 지역으로 지정해 고무 채취 노동자들에게 넘겨주도록 압력을 가했다. 이를 위해 고무 채취 노동자는 모든 콜로카소를 공동체가 관리해야 한다는 데 서로 동의했다. 공동체를 떠나려는 사람은 자신의 콜로카소를 외부인이 아닌, 공동체 내 다른 구성원에게 팔아야 했다. 이러한 합의에도 불구하고 1987년 말, 카쇼에이라 소속 고무 채취 노동자 중 하나인 호세 브리토는 자신의 콜로카소를 달리 알베스 다 실바에게 매각했다. 1988년 3월, 달리는 자신이 구매한 땅을 점령하고 개간하기 위해 부하들을 보냈다. 3월 18일, 치코와 샤푸리 농촌 노동조합, 카쇼에이라 사유지에 거주하는 노동자 67가구는 달리가 호세 브리토로부터 사들인 지역을 점령하는 것을 막기 위해 엠파치를 진행했다. 고무 채취 노동자 180명이 달리의 패거리에 맞서 싸운 끝에 달리는 결국 물러났다. 자존심이 상한 달리는 투자금을 잃을 위험을 무릅쓰면서까지 치코에게 복수하기로 맹세했다.

카쇼에이라와 에콰도르에서 벌어진 엠파치와 5월에 일어난 총격 사건으로 정부는 앞에 나서지 않을 수 없게 되었다. 치코가 이미 언급했듯이(정부가 1988년 7월 30일에 카쇼에이라를 강제로 수용하라는 명령을 내린 것) 정부는 7월 말에 달리의 카쇼에이라 사유지를 수용했는데, 이 토지는 곧 채굴 보존 지역으로 지정되었다. 알베스 다 실바 가족은 재산을 잃었고, 본격적으로 복수를 준비하기 시작했다.

치코 멘데스를 죽이고자 했던 달리의 두 번째 동기는 첫 번째 동기와도 연관이 있다. 상황이 점점 격렬하게 치닫는 가운데 파라냐 출신의 아마존 연구 기관 담당 변호사는 1973년 우리치 살인 혐의로 달리에 대한 체포 영장이 발부되었다는 것을 알게 되었다. 이에 파라냐 경찰은 아크리의 연방경찰에 제출할 주 사이에 통용되는 영장의 한 형태인 '카르타 프레카토리아'(carta precatória)를 발급하도록 준비했다. 영장은 1988년 10월 26일에 발부되었다. 다음 날, 치코 멘데스는 히우브랑쿠의 연방경찰청장을 찾아가 영장 발부 소식을 알렸다. 일을 마치고 떠나면서 그는 경찰본부 앞 술집에서 태연히 술을 마시고 있는 달리를 목격했다. 연방경찰청장은 영장이 공식적으로 통보되지 않았다고 주장하며 아무런 행동도 취하지 않았다. 에필로그의 시작 부분에서 설명한 바와 같이, 이 사건으로 인해 치코는 당국이 어떠한 조치라도 취하게 하기 위한 필사적인 투쟁을 시작한다. 그 사이 우무아라나에 있는 경찰, 혹은 친척으로부터 제보를 받은 달리는 샤푸리 법원을 찾아가 그곳의 직원에게 영장이 접수되었는지 물었다. 영장 접수를 확인한 후 달리는 직원에게 "치코 멘데스가 자신에게 닥칠 일을 어느 정도 예상할 수 있을 거야"라고 말했다.

제네시오는 재판장에서 알베스 다 실바 가족과 지역 목장주들이 치코 멘데스 암살을 계획하기 위해 파젠다 파라냐에서 진행했던 모임에 대해 자세하게 진술했다. 그의 증언은 1988년 11월 29일 치코의 전보에 포함된 내용과 일치했다. 그 모임에 참여한 사람 중에는 〈히우브랑쿠〉 신문의 대표 겸 지역 농촌민주연합 회장, 히우브랑쿠 시장, 이후 볼리비아 의사에게 정보를 흘려준 고무농장 소유주 도박꾼, 다른 농촌민주연합 목장주가 포함되었다. 그리고 1990년 11월 아크리 주지사직 선거에서 낙선한 연방 의원도 있었다. 경찰이 다른 공모자들의 암살계획 연루 여부에 대한 수사를 시작했지만, 수사관은 이내 사건에서 손을 뗐고 용의자 중 그 누구도 심문을 받지 않았다.

제네시오는 치코 멘데스가 살해당하기 전, 달리와 다르씨 사이에 있었던 언쟁을 목격했다고 이야기했다. 아버지가 아들을 향해 "암살계획을 실행에 옮길 용기가 없는 놈"이라고 비난했다는 것이다. 또한, 그는 살인이 일어난 날 밤 9시에 자신이 침대에 누워 있을 때 다르씨와 자데이르가 달려오는 소리를 들었다고도 말했다. 그들은 달리에게 "그놈이 죽었어요"라고 전했다. 달리가 누가 총을 쐈는지 묻자 다르씨는 자신이 쏘았다고 대답했다. 그러자 달리는 "내일 축하 바비큐 파티를 하자. 그러려면 소를 잡아야겠군"이라고 말했다는 것이다. 이 증언은 1989년 초에 진행됐던 경찰 조사에서 파젠다 파라냐에 거주하는 다른 주민들에 의해 확증되었지만, 실바 가족이 위협을 가하자 목격자들은 증언을 철회했다. 개중에는 실종된 사람도 있었다. 실종된 목장주 중 한 명은 달리의 지시에 따라 총 여섯 명의 사람이 한 번에 두 명씩 치코의 집을 감시하고 있었다고 시인했다. 이는 현장에서 발견된 증거와 맞아떨어진다. 감시 인력에 투입된 사람들로는 달리의 아들인 다르씨와 올로씨, 미네리뉴 형제 중 자데이르와 오스카르 페레이라, 제쟈오, 그리고 제보자가 있다. 제쟈오는 1988년 12월에 살해되었고, 제보자는 재판에 증인으로 소환되기 전 사라졌다. 둘 다 '파일 삭제'의 희생자였을 수 있다.

'파일 삭제'의 또 다른 희생자로 치코 멘데스가 살해당한 날 밤 함께 있었던 경호원 두 명을 들 수 있다. 그들은 1989년과 1990년에 각각 총격으로 사망했다. 카쇼에이라 지역의 콜로카소를 달리에게 매각했던 호세 브리토 역시 1990년 1월에 샤푸리에서 총에 맞아 숨졌다. 호세는 콜로카소를 판매한 대가 중 일부로 달리에게서 리볼버를 받았다. 이후 이 리볼버는 1988년 5월 총격 사건에서 다르씨와 올로씨가 사용한 총 중 하나임이 확인되었다. 다르씨와 올로씨의 재판은 1990년 6월에 열릴 예정이었는데, 브리토가 남긴 증거는 유죄를 입증해주었을 것이다. 12월 17일 밤에 샤푸리로 운반할 무기를 픽업트럭에 싣고 히우브랑쿠 클럽 밖에서 기다리던 시장의 경호원도 결국 죽었다.

  1990년 12월, 치코 멘데스 살해 혐의로 열린 달리와 다르씨에 대한 재판은 시종일관 실망스러운 결말로 이어질 무언가를 암시해주었다. 변호인단은 아크리와 인근에 있는 혼도니아주 출신의 현지 변호사 세 명으로 꾸려졌다. 그중 한 명은 상파울루 대교구가 1960년대와 1970년대에 있었던 고문 사건에 대해 작성한 브라질 프로젝트(Nunca Mais, Never Again)*에서 정치범을 고문하는 일에 연관되었다는 문제로 장장 일곱 번이나 언급된 사람이었다. 그는 혼도니아의 메들린(Medellín) 카르텔의 구성원들도 변호하는 사람이었다. 세 명 중 두 명은 이전에 혼도니아에서 살인 혐의로 기소된 미네리뉴 형제를 변호했다. 이들은 서로 연관성을 부인했지만 참관인들 대부분은 그들 세 명이 농촌민주연합과 관계가 있으리라고 추측했다. 변호인단은 재판에 앞서 다르씨의 초기 자백은 검찰 측의 압박과 인신공격으로 인한 것이었다면서 무죄를 주장하는 전

---

* 둠 파울로 에바리스토 안스, 랍비인 헨리 소벨, 장로교 목사 제이미 라이트가 참여한 '브라질 프로젝트:절대 다시'는 1985년, 브라질 군사독재 말기인 1979년에서 1985년 사이에 비밀리에 진행되었다. 이들은 프로젝트에서 브라질의 역사에 관한 중요한 문서를 작성했다. 1961년부터 1979년까지 브라질의 정치적 탄압을 보여주는 707건의 고등군사법원(Superior Tribunal Militar, STM) 사건에 포함된 1,000,000페이지 이상의 정보를 체계화했다.

략을 펼쳤다. 게다가 피고 측 변호사 중 한 명은 감상적인 민족주의에 기대어 가려는 듯 기괴한 방법까지 시도했다. 즉 치코 멘데스가 북미 환경단체의 지시에 따라 미 중앙정보국에 의해 살해된 것이며 그 증거를 입수했으니 피고를 변호하는 데 문제가 전혀 없다고 떠벌린 것이다.

살인 면허라도 받은 것처럼

그러나 정작 판사가 피고인에게 사건과 관련하여 진술하라고 하자 다르씨는 살인을 자백했다. 그는 단독으로 행동했으며 아버지는 관여하지 않았다고 주장했다. 이후 변호인단은 전략을 바꾸었다. 변호인은 달리가 총격 및 살인 음모에 직접 가담했다는 증거가 없다는 이유로 계속해서 달리의 결백을 주장했다. 다르씨의 경우 변호인단은 이제 형량 완화를 위해 두 가지 논거를 제시했다. 하나는 피고가 범죄를 저지를 수밖에 없는 상황이었음을 의미하는 심신미약이라는 고리타분한 개념, 그리고 다르씨가 '유의미한 사회적 가치'와 '아버지의 청렴함'을 옹호하고 있었으므로 그의 행위는 정당방위에 해당한다고 주장하였다. 변호사들은 알베스 다 실바의 재산권에 대한 보호와 동료들(즉, 다른 목장주) 사이의 평판이 살인을 정당화한다고 변론했다. 검찰은 변호인단이 주장하는 것은 살인 면허와 같은 개념이라며 이들의 주장을 맹렬하게 비난했다. 15세인 제네시오는 자신의 증거를 확실하고 설득력 있는 방식으로 제공했고, 배심원단 일곱 명은 다르씨가 유죄라고 만장일치로 결정을 내렸다. 또한, 달리가 살인을 공모한 혐의는 6대 1로 유죄라고 결론 지었다. 다르씨와 달리는 계획된 살인과 매복, 사악한 동기 등의 이유로 유죄 판결을 받았으며 아르데어 롱기니 판사에 의해 19년형을 선고받았다.

브라질 법률 제도에서 배심원의 평결은 항소를 통해 바꿀 수 있는 여지가 거의 없다(항소 판사가 기존의 평결이 제시된 증거와 완전히 일치하지 않는다고 판단하는 경우를 제외). 20년 이상의 형은 판결에 대해 항소할 수 있으며(평결이 아님), 따라서 롱기니 판사의 의도는 분명하다. 19년(최대 형량은 30년이다)형을 선고함으로써 형에 대한 항소를 효과적으로 배제한 것이다.

평결과 형량 결과가 치코 멘데스의 가족, 고무 채취 노동자, 그리고 그들의 친구들, 브라질과 해외에 있는 지지자들에게 만족스러웠을지라도 사람들은 여전히 정의가 부분적으로 실현되었다는 느낌을 받았다. 알베스 다 실바 가족 뒤에는 공모자 네트워크가 여전히 건재하며, 이들이 조사를 성공적으로 피했다는 걸 알고 있었기 때문이다. 사실 알베스 다 실바 가족은 문맹에다가 지능도 낮은 사람들이었다. 그러나 무시해도 좋을 만한 피라미 부류는 아니었다. 폭력적인 성향에 비정상적인 가정환경 아래 있던 그들이, 심지어 도망자 신세에 있던 그들이 어떻게 해서 중급 규모의 목장주가 되었는지 알 만한 사람은 이미 다 알고 있었다. 게다가 지역 지주와 정치인들은 교활했다. 치코 멘데스 같은 시골 지도자들의 위협 요소를 없애고 싶어 하면서도 한편으로는 알베스 다 실바 가족 같은 이들을 직접 제거하는 모습은 보이고 싶어 하지 않았다. 이런 의미에서 실바 가족은 신이 그들에게 내려보낸 선물과도 같았다. 달리와 그의 친척에게 다른 이들이 원하는 작업을 수행하기 위한 개인적인 동기가 필요했다면, 1988년에 불거진 카쇼에이라와 우무아라나 사건만으로도 충분했을 것이다. 살인 사건을 목격한 사람 중 한 명은 파젠다 파라냐에서 있던 회의에서 달리가 〈히우브랑쿠〉 소유주에게 치코 멘데스를 죽여도 되는지 물었다고 말했다. 그는 이전에 있었던 사건들처럼 꾸미면 별다른 문제 없이 관련 이슈를 덮을 수 있으므로 염려 말라고 답변했다. 지역 목장주이자 미디어 왕(〈히우브랑쿠〉 신문사 외에 텔레비전과 라디오 방송국을 소유하고 있다)은 나중에 이 일이 영향을 미치리라고 결론짓고서 앞에서 언급한 비밀 메모를 게재했을 것이다.

이 사건에서 조사되지 않은 여러 사실 중 하나는 치코가 사망한 지 90분 이내에 샤푸리에 있었던 〈히우브랑쿠〉 뉴스팀 사건이다. 해당 팀은 히우브랑쿠에서 발생한 살인 사건에 대해 알게 되었다고 주장하며 신문 픽업 차량에 올라타 샤푸리로 빠르게 이동했다. 날씨가 좋은 날에도 200킬로미터를 가려면 3시간은 족히 걸린다. 그러나 장마철인 데다 밤인 경우 척박한 비포장도로를 따라 이동하는 데엔 시간이 훨씬 더 많이 걸린다. 그날 밤, 경찰 수사관이 샤푸리까지 가는 데엔 6시간이 걸렸다. 어느 헌병은 그들의 주장에 의문을 품고 픽업트럭의 후드를 만져보기까지 했다. 물론 차에는 온기가 거의 남아 있지 않았다. 다음 날 아침, 〈히우브랑쿠〉 신문 소속 기자들은 치코의 사건을 다룬 신문을 펼쳐놓고 거리를 활보하고 있었다. 이로써 전체 보도가 사전에 계획되었으며 치코가 살해당할 때 기자들 역시 샤푸리에 있었다는 것이 확실해졌다. 수석 기자는 자신이 사건에 대해 너무 많이 알고 있어서 위험하다고 주장하며 아크리를 떠났다.

1989년 12월 7일, 달리가 자수했을 때를 돌이켜보면 그는 자신이 재판받지 않을 거라고 진심으로 믿고 있는 것 같았다. 사회적 지위가 높은 '친구들'이 그를 보호해줄 것이라고 믿었을지도 모른다. 달리가 결국 재판을 받게 되었을 때, 그와 변호사들은 달리를 꺼내기 위해 다르씨를 희생시켰다. 유죄 판결을 받고 형량을 선고받았을 때도, 달리는 조만간 자신의 뒤를 든든하게 떠받치고 있는 그림자 집단의 힘과 영향력이 자신을 승리자로 만들어줄 거라고 생각하는 모양이었다. 그러지 않고서야 그토록 의기양양할 수 있겠는가? 달리는 또한 자신이 입을 열기만 하면 '그들' 역시 자신이 이제껏 만들어낸 많은 희생자와 같은 길을 가리라는 걸 알고 있는 듯했다.

악당 달리, 그럼에도 불구하고, 석방되다

달리의 인내심은 1992년 2월 29일, 히우브랑쿠의 지방 항소 법원이 그의 유죄 판결을 무효화하면서 빛을 발했다. 변호인단은 배심원단이 모종의 영향을 받았다는 이유로 유죄 판결에 불복해 항소했다. 항소 법원은 판사 네 명이 재판을 주재하며 재판장 한 명과 판사 세 명으로 이루어진다. 다르씨의 경우 유죄 평결이 유지되었지만, 법원은 달리에 대한 유죄 평결을 무효로 하기 위해 2대 1로 투표했다. 달리에게 유리한 결정을 내린 두 판사는 그들에게 허락된 유일한 주장을 사용했다: 배심원단이 증거와 양립할 수 없는 결정을 내렸다는 것이다. 항소 전에 상파울루 출신의 기소 검사는 법원이 이러한 결정을 내리는 것은 상상도 할 수 없는 일이라고 열변을 토했다. 검사 측 사람으로 치코의 아내인 일자마르를 대변하던 현지 변호사는 "배심원단에게는 현지 상황이 그렇게 간단하지 않을 것이다. 현지 사회의 압력과 영향력이 재판에 제출된 증거와 논리보다 더 강력하게 작용할 것이다"라고 경고했다. 그의 견해가 옳다는 것이 곧 입증되었다. 샤푸리의 재판장 롱기니가 제1심에서 보여준 확고한 행동은 다음과 같은 의미를 지닌다. 즉, 이 평결은 시골 지도자를 살인하라고 명령을 내린 사람들에게 면책의 날을 끝냈다는 신호가 아니라 사회를 지배하는 규칙에는 얼마든지 예외가 가능하다는 것 말이다.

그러나 사건은 아직 끝나지 않았다. 검찰은 브라질리아 고등법원에 항소하고, 필요하다면 대법원까지 가겠다는 뜻을 밝혔다. 한편, 변호인단은 1973년 우리치 살인 혐의로 재판을 받을 때까지 달리를 석방하기 위해 인신보호영장을 발부했다. 인신보호영장은 법원에서 발부하는 것으로, 구속이 법에 어긋나는 경우 피구속자를 석방하기 위해 신체 인도를 명하는 것이다. 만일 그들이 성공하면 달리는 자유가 될 것이다. 치코 멘데스가 살해된 지 이틀 만에 달리의 형인 알바리노가 축하 바비큐 파티를 해낸 것처럼 그 역시 두 번 다시 재판받지 않게 될 가능성도 농후했다. 달리를 비롯한 '친구들'에게는 "좀 참고 기다리면 풀려날 수 있다"는 믿음을 입증하는 동시에 "지역 시스템이 자신들에게 유리한 결론을 내려줄 게 분명하다"는 것을 재차 확인시켜주는 사례로 보일 것이다.

치코 멘데스를 인터뷰한 뒤로부터 3년 반 동안 대체 아마조니아에서는 무슨 일이 있었을까? 숲에 거주하는 사람들의 상황이 바뀌었을까? 그렇다면 더 좋아졌을까, 나빠졌을까? 정부는 브라질에 가해진 환경 및 인권 보호에 대한 격렬한 비판에 어떤 반응을 보였을까?

브라질은 재판이 이어지는 동안 여러 문제에 대해 언론과 정부, 비정부 환경기구 및 인권단체로부터 국제적인 비판을 받았다. 치코 멘데스를 살인한 사람들을 재판에 소환하라는 압력 외에도 아마존 삼림 벌목에 대한 우려와 토착민 몰살을 중단하라는 압력, 거리에 나앉은 아이들의 열악한 상황에 대한 분노가 들끓었다. 특히 자경단이 어린이와 청소년을 상대로 벌이는 끔찍한 행위에 비난이 쇄도했다. 그러나 정부는 브라질이 1992년 유엔(United Nations, UN) 환경 및 개발 회의를 주최할 수 있는 특권을 요구했고 끝내 이를 획득했다.

사르니 정부는 치코 멘데스 살인 사건이 불러온 충격에 적잖이 놀랐다. 그 결과, 브라질의 환경 문제를 해결하는 데 조금이나마 진전을 이루었고, 최소한 대외적 명성을 높이려는 의도 아래 1989년 초 대대적인 행정 개편을 단행했다. 대통령 직속 연방 환경 사무국(Secretaria de Meio Ambiente Presidência da República, SEMAM)과 브라질 연방임업위원회 및 어업 감독 위원회(Superintendência da Pesca, SUDEPE)를 포함한 이전의 연방 기관들은 새로운 연방 기관인 브라질 환경 및 재생 가능한 천연자원 연구소(Instituto Brasileiro do Meio Ambiente e dos Recursos Naturals Renováveis, IBAMA(이하 브라질 천연자원 연구소))로 통합되었다. 연말에 공포된 1988년 연방 헌법은 천연자원 기반을 보존하려는 국가의 약속이 이전보다 진보한 형태를 띤 문서임을 상징한다. 정부는 브라질 천연자원 연구소 출범과 함께 환경 프로그램인 '우리의 자연'을 발표했다. 하지만 프로그램의 완성도가 떨어지는 데다가 하향식이어서 외부 사람들과 일부 전국 고무 채취 노동자협의회 지도자들은 이것을 '그들만의 자연'이라고 통렬히 비난했다. 홍보용 활동이라는 이야기도 나돌았다.

브라질 천연자원 연구소는 브라질 정부가 국가 환경 정책을 정교화하려고 노력한 첫 번째 시도라는 상징성을 갖는다. 그러나 이 기구는 프랑켄슈타인처럼 얼룩덜룩해 보였다. 너무 많은 분야를 한데 모아 꿰어놓은 탓에 오히려 더욱더 불완전하게 여겨진다. 실제로 이 기구가 하는 일은 브라질리아에서 감당하기엔 너무나 큰 규모였다. 현장 인력도 부족했다. 책임자는 전 대통령의 언론 대변인 페르난도 세자르 메스퀴타(Fernando César Mesquita)였다. 이 시도는 다른 국가에 꽤 괜찮은 영향력을 미치기 시작했다. 가장 먼저 영국이 움직였다. 크리스 패튼 장관이 브라질 아마존을 방문하여 최초로 양자 간 환경원조 협정을 체결한 것이다. 이어서 다른 나라들도 영국의 뒤를 따랐다.

1990년 3월 사르니 정부가 임기를 마쳤을 때 메스퀴타는 브라질 천연자원 연구소가 다른 나라들로부터 '약속만' 받아냈다고 불만을 토로했다. 그의 말에도 어느 정도 일리가 있다. 후원을 약속한 타국 정부들과 1년간 협상을 이어갔지만, 효과적인 산림 보호 체제를 만들 수 있는 추가 자금을 받지 못했기 때문이다. 예를 들어보자. 프랑스와 거의 같은 크기인 파라주에는 브라질 천연자원 연구소 직원이 수십 명밖에 없다. 그러니 1989년 무더위가 기승을 부리던 시기에도 브라질 천연자원 연구소는 삼림 벌채를 감시하는 헬리콥터조차 띄울 수 없었다.

메스퀴타는 고무 채취 노동자를 대신해 꼭 필요한 이슈 하나를 실행에 옮겼다. 1990년 1월, 사르니 대통령이 전국 고무 채취 노동자협의회와 치코 멘데스가 요구한 조건을 기본으로 채굴 보존 지역의 개념을 확립하는 법령을 제정한 것이다. 법령의 기초는 다음과 같다.

국가는 해당 지역을 몰수하고 필요에 따라 지주, 또는 다른 이전 소유주에게 보상하고, 인구 및 토지 이용도를 조사한다. 더불어 대표 기관을 통해 지역사회가 채굴 보존 지역의 환경을 관리하는 계획을 승인한다. 그다음 공동체와 브라질 천연자원 연구소 대표 사이의 장기 임대 계약의 기초를 형성한다. 보존 지역은 공동체가 관리하며 토지를 사적으로 소유하는 것은 허용되지 않는다. 토지 거래는 공동체 안에서만 가능하다. 외부인은 보존 지역 내에서 토지를 매입할 수 없다. 경제적 활동은 관리 계획에서 합의된 것만 허용되며 근본적으로 약탈적 성격을 띠어선 안 된다.

이 예상치 못한 발전은 메스퀴타의 문제의식과 보존 지역에 대한 관심, 그리고 '형편없는 행정부'로 회자되던 사르니 정부의 공적인 이미지에 무언가 멋진 한 방을 구현하려 했던 열망 덕분에 이루어졌다.

첫 번째 채굴 보존 지역

이 법령과 동시에 사르니 정부는 서부 아크리의 주루아강 상류에 500,000헥타르(5,000제곱킬로미터) 규모의 첫 번째 채굴 보존 지역을 만드는 법령에 서명한다. 사르니 정부의 마지막 임기인 1990년 3월, 임기 마지막 날에 메스퀴타는 사르니를 설득하여 브라질레이아에서 샤푸리를 거쳐 히우브랑쿠시까지 뻗은 100만 헥타르의 땅을 보존 지역으로 만드는 법령에 서명하게 했다. 이 거대한 구역은 '치코 멘데스 보호구역'이라고 불릴 예정이었다. 또한, 아마파 및 혼도니아주에도 고무 채취 노동자를 위한 채굴 보존 지역이 지정되었다.

1990년 3월, 콜로르 정부가 출범했다. 콜로르는 1989년 12월 대통령 선거 2차 결선에서 노동당 후보인 룰라를 가까스로 이겼다. 콜로르는 보수적인 개성파일뿐더러 바람둥이 기질이 짙은 사람이었다. 그는 가난한 사람들을 걱정하지 않는 것 같았다. 그들이야말로 자신을 대통령으로 뽑은 사람들인데 말이다. 콜로르 가족은 북동부의 가난한 알라고아스(Alagoas)주에 미디어 제국을 소유하고 있는데, 콜로르 역시 선거에서 텔레비전 덕을 상당히 보았을 것이다. 선거운동을 시작했을 당시만 해도 그는 여론조사에서 겨우 3퍼센트 지지율을 얻었을 뿐이다.

콜로르는 따로 소속된 정당이 없었다. 실제로 그는 기존 정당에 반대하여 출마한 덕분에 정부 내각을 구성하는 일에 자유로웠다. 하지만 그의 공약엔 알 수 없는 내용과 공상소설급 약속이 뒤섞여 있었고 겉만 번지르르한 내용도 많았다. 그는 축구 스타 지코를 연방 스포츠장관으로 임명했고, 새로 신설된 연방 환경 사무국에는 환경운동가인 호세 루첸베르거(José Lutzenberger, 1926-2002)[*]를

---

[*] 호세 루첸베르거는 브라질의 농업 경제학자이자 환경운동가다. 히우그란지두술주 연방대학교에서 농학을 전공했고, 졸업 후 15년간 독일과 베네수엘라, 모로코에서 화학회사인 바스프(BASF)에서 일했는데 이 경험을 바탕으로 후일 반대 캠페인을 벌이게 된다. 1971년 루첸베르거는 환경운동단체인 아가판(Agapan)을 설립했으며, 브라질 군사독재 시절, 마그다 레너, 힐다 짐

임명했다.

　루첸베르거를 임명한 것은 브라질 외부의 환경운동 세력이 실제 변화를 불러일으킬 수 있다는 신호인 동시에 브라질이 훨씬 더 많은 지원금을 얻어낼 수 있다는 것을 의미했다. 루첸베르거는 항상 독단적으로 움직였기에 풀뿌리 운동 및 지역사회 조직과의 관계는 썩 좋지 않았다. 게다가 그는 온갖 행정 절차와 협상, 관료 운영에는 관심이 없었다.

　그렇다면 브라질에서는 연방 환경 사무국과 브라질 천연자원 연구소(지금은 대통령 직속 연방 환경 사무국으로 통합되었다)를 어떻게 효과적인 구조로 바꿀 수 있었을까? 예를 들어, 국방부 또는 기타 부처와 비교하여 정부 정책에 대해 끼칠 수 있는 영향력은 과연 어느 정도일까?

　콜로르 정부 임기 2년 동안 연방 환경 사무국과 브라질 천연자원 연구소가 활동할 수 있는 범위는 경제 정책으로 인해 한정적이었다. 콜로르는 집권한 날 발표한 경제 조치를 통해 시중에 유통되는 돈의 80퍼센트를 동결하고, 정부 지출을 억제하려고 했다. 특히 환경 정책은 예산 삭감과 재무부 측의 자금 지원 축소로 큰 타격을 입었다. 이에 연방 환경 사무국과 브라질 천연자원 연구소가 특히 심각한 위기에 처했다. 이들 모두 외부에서 자금을 지원받아 환경 프로그램을 시행했는데, 외부 자금의 규모가 국내 자금의 규

머만, 기젤다 카스트로 등과 함께 환경보호운동에 투신했다. 루첸베르거는 1988년 "브라질과 전 세계의 자연환경을 보호하는 데 기여한 공로"를 인정받아 "Right Livelihood Award"를 수상했다.

모와 비례했기 때문이다. 결과적으로 국가 환경 프로그램을 위한 세계은행기금 및 국가환경기금도 예상만큼 지원되지 않았다. 더 나아가 국립공원과 생태 보호구역 및 환경보호 지역과 같은 보존 단위를 효과적으로 설정하여 보호할 수도 없게 되었다.

이로 인해 아마존 삼림 벌채라는 골치 아픈 문제를 수치로 기록한 위성 데이터에 접근하는 것조차 어려워졌고, 수치를 올바르게 해석하는 것 역시 불가능해졌다. 그러나 연간 삼림 손실이 1989-1991년 동안 감소했다는 결과에는 의심의 여지가 없다. 데이터를 해석하는 데 겪는 어려움은 숲을 효과적으로 보전하기 힘든 결과로 이어질 수 있다. 데이터에는 실제로 일어난 화재와 그에 따라 손실된 산림 지역 사이의 연관성을 유추하고 화재가 원시림에서 발생했는지, 아니면 이미 황폐해진 숲이나 아마존 분지의 자연 사바나 지역에서 발생했는지에 관한 기록, 더 나아가 연소 전에 식물 생태계가 어떠했는지까지 정확하게 기록하기 때문이다.

1991년 말 독일의 콜(Helmut Kohl, 1930-2017) 총리가 브라질을 방문했을 때 독일 대표단 일원에게 주어진 수치는 1978-1988년 동안 평균 산림 손실이 연간 21,000제곱킬로미터 정도였음을 시사했다. 1989년에 17,800제곱킬로미터, 1992년 중반에는 13,800제곱킬로미터였다. 1991년에 기록한 수치는 1992년 중반까지만 적용되었지만, 브라질 정부는 그해 총면적이 약 8,000제곱킬로미터까지 감소하리라고 예측했다. 정부가 이렇게 예측한 주요 이유 중 하나는, 아마존 유역의 목장화 사업에 대한 세금 인센티브 폐지가 거의 확실시되었기 때문이다. 1960년대 후반 군사정부가 도입한 이 계획은 1989년 사르니 정부에 의해 중단되었다. 차기 콜로르 정부는 세제 혜택을 복원하려고 시도했으나, 국내외 비판에 따라 1991년 초 이를 완전히 폐지한다.

화급한 질문들

그러나 우리에겐 루첸베르거의 능력에 대한 실질적인 질문이 여전히 남아 있다. 숲 보전 문제를 넘어 더 넓은 차원에서 그가 과연 정부 정책에 어떤 영향을 미칠 수 있는가 하는 점이다. 이는 루첸베르거가 에너지, 운송, 농업, 광업, 위생과 같이 환경에 중대한 영향을 미치는 활동을 담당해야 하는 정부 부문에서 연방 환경 사무국에 견해를 구하고 있다는 증거가 거의 없다는 인식과 맥락을 같이한다. 환경 개발에 관한 1992년 6월 회의에서 브라질의 협상 입장을 준비하는 부처 간 환경위원회에서 연방 환경 사무국은 고립되었고 의견은 무시당했다. 연방 환경 사무국은 브라질 정부가 산림 보호라는 명목하에 진행하는 산림 개발로 인해 미래 소득을 포기하는 국가를 대상으로 보상 정책을 펼쳐야 하고, 산림 보호 문제를 기후위기에 대한 의제와 연결해서 논의해야 하며, 브라질은 산림 보호를 위한 국제적인 법률을 제정해야 한다고 주장한다. 그러나 정부의 공식적인 협상 입장은 이러한 주장을 정면으로 반박하는 것이었다.

환경 정책에 대한 대중적인 참여 역시 상황이 그다지 고무적이지는 않다. 1990년 휴스턴에서 열린 G7 정상회담에서 브라질은 포괄적인 산림 보호 프로그램을 준비하는 국가 자격으로 초대받았다. 세계은행과 유럽 위원회(European Commission, EC)는 브라질이 파일럿프로그램의 초안을 작성하는 것을 돕기 위해 배정되었다. 이는 1991년 런던에서 열린 G7 정상회담에서 양자 및 다자간 지원이 실질적으로 승인되리라는 의미였다. 핵심 질문 중 하나는, 비정부 및 지역사회 조직이 환경 프로그램을 설계하고 실행하는 일에 효과적으로 참여하는가 하는 것이었다. 하지만 작업이 진행되는 첫해 동안 세계은행과 유럽 위원회 고문의 권고에도 불구하고, 연방 환경 사무국과 브라질 천연자원 연구소는 비정부단체(Non-governmental organization, NGO) 또는 전국 고무 채취 노동자협의회와 같은 조직과 상의하는 일에 거의 관심을 보이지 않았다. 프로그램에 대한 초기 자금이 일부 승인되었던 런던 정상회담 이후 부분적으로나마 회복한 관계가 다시 위기에 빠지게 된 것이다. 그러나 현재 프로그램 참여에 관심이 있는 아마존 비정부단체 100여 개와 풀뿌리 조직은 1992년 2월 연방 환경 사무국과 외교 및 경제부처를 포함해 프로그램을 설계하는 부처 간 그룹에서 비정부단체 대표를 프로그램의 주요 위원회에서 제외하기로 결정을 내렸다. 필요한 프로그램에 비정부단체 대표가 참여하기로 사전에 합의되었는데 이 내용은 G7에 제출한 문서에도 기재되어 있다.

콜로르 정부의 환경 정책과 루첸베르거의 목표 성취 정도를 정확하게 평가하기란 매우 난해한 일이다. 물론 어느 쪽도 상당한 변화를 바라는 사람들의 기대를 충족하지 못한다. 그러나 다른 한편으로 뒤늦게나마 야노마미 공원이 조성되었고, 브라질 천연자원 연구소와 전국 고무 채취 노동자협의회가 기존 채굴 보존 지역에 대한 관리 계약을 협상하고 있다는 점만큼은 눈여겨볼 필요가 있다. 진보적인 환경 정책은 정부 홍보에 이롭다. 그러나 심각한 경기 침체와 정치·경제적 위기에서 살아남기 위해 정부가 노력하고, 부패와 부실 관리 스캔들이 끊임없이 부상하는 상황에서 최우선 순위는 아닐 것이다. 어느 나라든 마찬가지다. 1991년 말까지 콜로르는 의석을 과반수로 차지하지 않는 이상 적대적인 의회에서 정치적인 생존이 불가능하다고 결정했다. 이에 콜로르는 우익 정당인 자유전선당을 끌어들여 상황을 모면하고자 했다.

아마조니아 지역에서 지난 1년 동안 토착민과 고무 채취 노동자가 처한 상황은 더 나빠졌을지도 모른다. 1990년 11월 아마존 주지사 선거에서는 풀뿌리 단체(및 루첸베르거)가 지지하는 모든 일에 반대하는 인사들이 대거 권력을 잡았다. 로라이마(Roraima)에서 지역 엘리트들은 야노마미 공원 법령을 취소하기 위해 온갖 방법을 취하려 애썼다. 아마조나스에서 질베르토 메스트레(Gilberto Mestrinho) 주지사는 루첸베르거를 대상으로 환경주의 및 천연자원 보호 개념에 대한 공개 논쟁을 벌이기로 결정했다. 아크리에서는 노동당 후보인 호르헤 비아나가 2차 결선투표에서 고무 농장 소유주의 옛 계급을 대표하는 우익 사회민주당 후보에게 패배했다 (농촌민주연합에 속한 모든 이들의 이익을 대변하지는 않지만). 비아나의 정책은 지속 가능한 산림 이용을 위해 지역 개발 정책에 대한 감시를 강화하는 것에 기초를 두고 있다. 고무 채취 노동자들이 벌인 운동은 아크리기술지원재단과 국가 환경 기관과 마찬가지로 이 과정에서 중요한 역할을 했을 것이다. 이 경우, 지난 1년 동안 사회민주당 정부는 1988-1990년 동안 주춤거렸던 적극적인 조치를 뒤바꾸는 데 성공했다. 1990년에 다른 주 정부를 위한 모델을 만든 국가 환경 기관은 산림을 목초지로 개간하려는 목장주에게 환경 영향 보고서를 작성하고, 공청회에서 검토하게 했지만 아크리기술지원재단이 겪은 산림 관리 경험과 마찬가지로 무산되었다. 동시에 전국 고무 채취 노동자협의회의 지도자들은 끊임없는 암살 위협에 시달리고 있다. 치코 멘데스가 살해당한 이후 얼마간 고무 채취 노동자 운동의 지도자들은 계속해서 살해 위협을 받으며 활동을 이어갔다. 위협을 받는 사람 중에는 브라질레이아 농촌노동자노조(Rural Workers' Union of Brasiléia) 회장인 오스마리노 아만시오 로드리게스(Osmarino Amâncio Rodrigues)와 전국 고무 채취 노동자협의회 회장인 줄리어스 바르보사 데 아퀴노(Júlio Barbosa de Aquino), 라이문도 데 바로스, 농학자이자 전국 고무 채취 노동자협의회 고문인 구메르신도 로드리게스(Gumercindo Rodrigues)가 있다.

1991년 7월, 전국 고무 채취 노동자협의회 부회장이자 아마파주의 조정관인 페드로 라모스 데 수자(Pedro Ramos de Souza)는 주도인 마카파(Macapá)에서 정체불명의 괴한들에게 구타를 당했다. 이는 그가 정부가 의무적인 환경 영향 보고서와 공청회 없이 채굴 보존 지역 건너편에 도로를 건설하는 데 반대했다는 이유로 치른 대가였다. 1991년 9월, 주루아계곡의 전국 고무 채취 노동자협의회 조정관인 안토니오 마케도(Antonio Macedo)의 목숨을 노린 시도도 있었다. 이러한 위협은 달리 알베스 다 실바의 호소가 성공적으로 먹혀드는 추세와 무관하지 않다. 그리고 다시금, 자신의 이익과 특권을 보호하기 위해 살인을 저지른 사람들이 처벌받지 않는다는 불안감이 되살아나고 있다.

치코의 아내 일자마르가 치코와 경호원에게 "도미노 놀이 그만하고 저녁 먹을 준비 좀 하세요"라고 말했을 때, 그녀는 사실 브라질 전역 6천만 명의 TV 시청자가 하는 일을 똑같이 하고 있었다. 너무나 평범한 일상이었다는 뜻이다. 그리고 오후 6시 30분, TV에서 드라마 〈발리 투도(Vale Tudo)〉의 운명적인 에피소드가 시작됐다. 이 드라마는 8개월 동안 일주일에 에피소드 6개를 방영했는데, 그때 마침 이야기의 절정을 향해 나가던 중이었다. 온 나라 민중이 드라마의 악당이 그날 밤 에피소드에서 암살되리라는 걸 알고 있었다. 일자마르도 그 순간을 놓치고 싶지 않았을 것이다.

하지만 그날 밤 죽은 사람은 악당이 아니라 치코였다. 드라마 연출가는 시청자들을 속였고, 일자마르는 치코가 죽은 지 이틀 후 살해당했다. 텔레노벨라(telenovela)*는 리오에 사는 도시 상류층의 화려한 세계를 배경으로 질투와 음모, 출생의 비밀을 주된 모티브로 전개한다. 치코의 아내 일자마르를 비롯해 전국 6천만 명의 시청자가 경험하는 세계와는 매우 동떨어진 세계에서.

녹색 비누

역설적으로, 치코를 맞힌 총알은 텔레노벨라까지 맞혔다. 브라질의 대다수 신문 편집자와 뉴스 진행자, 독자와 텔레비전 시청자는 치코 멘데스가 누구이며 무엇을 위해 투쟁하고 있는지, 또 왜 그것이 중요한지 몰랐다. 그러나 사건의 여파는 일파만파 퍼져나갔다. 사람들은 곧 사건의 전말을 파악했다. 그러고는 브라질 시골에서 벌어진 살인 사건에 초미의 관심이 집중되는 사태를 이해하기 위해 사람들은 집단 투쟁을 벌이기 시작했다. 사실 브라질 주류 언론에서는 환경과 빈곤, 인권 문제에 진지한 관심을 기울인 적이 없었다. 그러나 상황이 달라졌다. 서서히 변화할 조짐을 보이기 시작한 것이다. 주인공이 가난하거나 약자로 나오는 농촌 소재 텔레노벨라가 등장하여 대중의 인기를 끌게 되었다. 티비 글로부

---

* '텔레노벨라'는 직역하면 텔레비전 소설이라는 뜻으로 스페인, 포르투갈 및 중남미 국가에서 제작되는 일일 연속극이다. 이 장르는 잡지와 신문에 연재된 프랑스와 영국의 연재소설에서 비롯돼 중남미의 라디오, 텔레비전 연속극으로 이어졌다.

(TV Globo)가 쥐고 있던 주도권을 "브라질이 모르는 브라질을 보여줍니다"라는 슬로건으로 무장한 대안 텔레노벨라에 잠시 빼앗길 뻔했다. 대안 텔레노벨라는 경치가 장관(壯觀)을 이루는 판타나우(Pantanal)와 대초원 지대, 브라질 서쪽 지역의 아마조니아에 있는 소나무 숲을 배경으로 펼쳐진다.

하지만 이런 현상은 일시적일 뿐이다. 최근 부유한 도시 환경을 배경으로 한 텔레노벨라에 대한 대중의 반응이 다시 뜨거워진 것만 보아도 알 수 있는 일이다. 텔레노벨라는 아마도 대중의 인식을 바꾸는 가장 무딘 도구에 지나지 않겠지만, 그 현상만큼은 꽤 흥미롭다. 텔레노벨라는 농촌문화와 '전통적인' 삶의 방식에 대한 재평가를 불러왔으며, 브라질 사회에 중산층의 도시 생활방식과 소비 패턴에 관한 질문을 던져주었다. 이런 현상은 당시 1990년대에는 이해하기 어려운 개념이었던 '지속 가능한 개발'의 전제 질문이라고 할 수 있다. 어쩌면 천연자원이 풍부한 브라질 정도 규모의 나라에서 어렵게 살아가는 사람들이 지닐 법한 염원인지도 모른다. 브라질에서는 지금 알아차리기 힘들 정도로 대중의 태도 변화가 미미하게 나타나고 있다. 브라질이 유엔 환경개발회의를 주최하는 것이 과연 대중에게 환경 인식을 강화해주는 계기로 작용할 수 있을까? 그럴 수도 있고, 아닐 수도 있다. 그러나 미래 역사가들의 평가는 긍정적이다. 1980년대를 돌이켜보면 브라질의 태도 변화에 이어 눈에 띌 정도로 정치·경제 및 문화 관련 사안을 조직하는 방식에도 모종의 변화가 감지되기 때문이다. 그런데 흥미로운 것은 이러한 현상이 지역적 요인 덕분에 발생했다는 사실이다. 즉, '개미의 노동'이라고 부르는 무명의, 알려지지 않은 활동가들의 노력 덕분인 터다.

  치코 멘데스는 그 수많은 개미 중 하나였다. 그 개미가 바로 당시의 정신을 상징하게 되었고, 그 과정에서 목숨을 잃었다. 그 죽음과 함께 널리 알려지게 되었다. 해외에서 먼저, 그리고 나중에 국내로.

1992년 3월 4일,
리우데자네이루에서
토니 그로스

옮긴이의 말

오늘날의 아마존 열대우림이 벌목되지 않고 지금의 모습을 간직하는데 크게 기여한 사람이 있었다는 사실을 이 책을 번역하면서 처음 알게 되었다. 그리고 아마존은 비단 지구의 허파 역할뿐만이 아닌, 그 숲속에 사는 다양한 노동자의 생존과도 깊이 얽혀있다는 것도 말이다. 특히 이 책의 주인공인 치코 멘데스에게 나는 깊이 감동했다. 그 자신 고무 채취 노동자로서 '각성'한 뒤 같은 처지에 있는 사람들의 현실적인 문제를 직면하고, 함께 연대하고 대응하면서 이를 세상에 알린 사람, 그가 바로 치코 멘데스다.

치코 멘데스는 고무 채취 노동자들과 함께 투쟁하며 다양한 열매를 맺었다. 풀뿌리 조직의 역량 강화, 채굴 보존 지역의 법제화, 해외 언론의 관심과 지원 등 그 종류도 매우 다양했다. 그중에서도 내 기억에 가장 많이 남는 것은 '엠파치'였다. 남녀노소 불문하고 숲을 지키기 위해 각종 중장비와 총구 앞에 선 그들의 모습이 왠지 모르게 생생하게 그려졌다. 치코 멘데스는 그들의 지도자이기도 했지만, 엠파치의 일원 중 하나로서 활동했다. 그는 지도자도 중요하지만, 가능한 한 많은 사람이 참여하도록 하는 구조가 지속가능성을 가져온다는 것을 아는 사람이었다. 그 결과, 개인이 이룰 수 없는 일을 개개인이 연대함으로써 이루어내는 성과를 가져왔고, 이제 그들 중 제2의 그리고 제3의 치코 멘데스가 나오게 되지 않을까, 라는 상상도 해보게 된다.

현재 시점의 나에게 다시 시선을 돌려본다. 오늘날, 내가 문제라고 인지하고는 있지만 개인의 차원에서 매듭지어버린 것들이 있지 않은가 돌아본다. 이것은 나의 문제를 넘어서 우리의 문제이며, 나아가 모두의 문제라는 인식을 토대로, 그 '우리'를 찾는 여정을 떠나보기를 기대한다. 치코 멘데스를 떠올리며 말이다.

2023년 2월
이중근

말보다 행동이 앞서는 사람.
모든 노동자가 평등하게 사는 세계를 꿈꾸었던 사람.
폭력과 살상이 난무하는 상황 속에서도, 평화를 지켰던 사람.
바로 치코 멘데스였다. 그는 자신이 암살자들의 손에 죽을 것이라는 사실을 알았다. 너무도 분명하게. 치코는 두려움에 사로잡혔지만, 싸움을 포기하지 않았다.

"처음에 나는, 고무나무를 지키기 위해 싸우고 있다고 생각했다. 그러다 아마존 숲을 구하기 위해 투쟁하고 있다는 것을 알았다. 이제야 비로소, 진실을 깨달았다. 난 인류를 위해 싸우고 있었던 것이다."_치코 멘데스

치코 멘데스는 노동자로서 동료들이 노예처럼 생활하는 모습을 보며 결심했다. 이들이 인간답게 살 수 있도록 돕겠다고. 그는 동

료들을 위해 싸우면서 점차 깨달았다. 노동자들이 자유롭게 살아가려면 아마존 숲을 지켜야 한다는 사실을. 숲은 전 세계 사람의 생명과 직결되어 있다는 사실을. 치코는 인류를 위해 목숨까지 내던졌다.

무엇보다 치코 멘데스가 '노동자'였다는 것이 중요하다. 노동자들이 겪는 빈곤과 불평등을 종식하기 위한 투쟁이, 아마존을 지키기 위한 투쟁으로 이어졌기 때문이다. 우리는 모두 치코 멘데스에게 빚을 졌다. 그가 아니었다면 인류에게 숲이 얼마나 소중한지 몰랐을 것이다. 숲을 끊임없이 불태우다가 끝내는 파괴해버렸을 것이다.

기후위기로 모든 생명체가 고통에 시달리는 지금. 죽을 때까지, 쉬지 않고 일해도 가난에 시달리는 노동자들이 살아가는 오늘날. 치코 멘데스가 주는 울림은 어느 때보다 강력할 것이다.

이제 우리가 숲을 지키기 위해 나설 차례다. 치코 멘데스의 사명을 이어받아야 한다. 치코가 놓지 않았던 희망을 품고서.

언젠가, 모든 생명체가 평화로이 살아갈 그 날이 올 때까지. 이 책이 부디 지구를 지키기 위해 내딛는 발걸음에 귀중한 자원이 되기를 바란다.

2023년 2월

이푸른

부록

주

1장

1) 루이스 카를로스 프레스테스는 1924년 '중위 반란'을 주도한 하급 장교다. 프레스테스는 1924년부터 1927년까지 14,000마일에 달하는 브라질 내륙을 통과하는 혁명가들의 '장거리 행군'을 지휘했다. 1931년에 프레스테스는 공식적으로 브라질 공산당에 입당하여 4년간 소비에트 연방에서 보냈다. 프레스테스는 비밀리에 브라질로 돌아와 1936년부터 1945년까지 투옥되었다가 당에서 합법적으로 활동할 수 있는 짧은 기간(1945-1947) 동안 리우데자네이루 상원의원으로 선출되었다. 프레스테스는 1964년 군사 쿠데타가 일어나기 전까지 당에서 가장 영향력 있는 인물이었다. 그 후 소련으로 망명했다. 프레스테스는 1979년에 일반 사면을 받고 브라질로 돌아왔고 이후 공산당을 떠났다.

2) 윌슨 피녜이루는 1980년에 살해당하기까지 브라질레이아 농촌노동자 노동조합의 회장이었다(2장 참조). 피녜이루는 아마존 열대우림을 파괴하는 목장주들과의 싸움을 이끄는 데 도움을 주었다. 또한 자신과 마찬가지로 아마존을 지키다 목숨을 잃은 샤푸리 농촌노동자 노동조합 회장인 치코 멘데스의 동료이기도 했다.

3) 1985년 10월, 브라질리아에서 열린 제1차 전국 고무 채취 노동자협의회 회의에 따라 전국 고무 채취 노동자협의회가 설립되었다.

2장

1) 마리 헬레나 알레그레티는 1979년에 아크리의 전통적인 고무 농장에 대한 논문을 쓴 인류학자다. 그녀는 1980년에 다른 사람들과 함께 고무 채취 노동자 프로젝트 협동조합 및 샤푸리에서 고무 채취 노동자로서 문맹 퇴치 프로그램을 시작했다. 또한, 1984년에 브라질리아의 사회경제 연구소에 합류하여 아마존 문제에 대해 의회와 정부에 정치적인 영향력을 행사했다. 1986년에는 고무 채취 노동자를 지원하고 아마존 문제에 관한 연구를 수행하는 쿠리티바에 아마존 연구 기관을 설립했다.

3장

1) 1장에서 설명한 바와 같이, 1930년대부터 브라질에서는 노동조합 간의 조직화 활동이 금지되었다. 노동조합 활동에 대한 통제는 1964년 이후 군사정부의 주요 관심사였다. 노동조합운동은 1980년대 민간 통치와 민주화로 복귀할 미래를 예상하고 더 큰 자유를 요구하기 시작했다. 1964년 쿠데타 이후 가장 중요한 노동 회의는 1981년 8월, 브라질 전역에서 대표 5,000명이 제1차 전국 노동 계급 회의에 모인 것이었다. 처음부터 국가에 대한 노동조합 운동의 기존 종속관계에 근본적으로 반대하는 아우텐치코스(autenticos)와 진보적인 교회 및 트로츠키주의자들로 구성된 룰라가 이끄는 단체 사이에는 명확한 구분이 있었다. 그리고 친 모스크바 브라질 공산당과 친 알바니아 브라질 공산당 및 브라질 민주화운동 정당의 지원을 받아 현상 유지로 인한 혜택을 누리는 조직으로 구성된 연합 단체(Unidade Sindical)도 있다. 두 파벌은 다음 해 두 번째 전국 노동 계급 회의에서 설립될 계획인 브라질 노동자 중앙회를 설립하기 위한 위원회에서 동등한 대표직을 받았다. 연합 단체는 두 번 별도로 진행된 전국 노동 계급 회의가 개최된 1983년까지 연기할 것을 강요했다. 처음에 아우텐치코스는 브라질 노동자 중앙회를 설립하려 했다. 연합 단체는 처음에는 전국 노동 계급 회의라는 이름을 유지했지만, 1964년 쿠데타 이전의 노동조합 기관과 관련하여 1986년에 일반 노동자 중앙회로 변경하면서 경쟁 기관과 계속하기로 결정했다. 농촌 노동조합 연맹인 전국농업노동자연맹은 연합 단체를 브라질 노동자 중앙회에서 분리하고 일반 노동자 중앙회를 창설한 주요 세력 중 하나였다. 샤푸리 농촌노동자연맹은 브라질 노동자 중앙회에 소속되어 있으며, 치코 멘데스는 브라질 노동자 중앙회 국가 집행위원이었다.

4장

1) 고무개발위원회는 제2차 세계대전 중 아마존에서 고무를 생산하는 것을 장려하기 위해 설립한 정부 기관이다. 1987년까지 고무개발위원회는 고무 농장 노동자들에게 건강과 공급 및 기타 서비스를 제공했다. 그러나 이러한 서비스는 이내 철회되었다. 현재 산업 상무부의 통제하에 있으며 고무 마케팅 및 수출을 통제하는 동시에 거의 독점적으로 가격 담합을 담당하는 기관이 되었다.

2) 이는 1987년부터 1990년까지 아크리의 플라비아노 멜로 주지사 행정부에 대한 언급이다. 플라비아노는 고무 산업을 장악한 오래된 지역의 엘리트를 대표했으며, 지배력은 주로 아크리에 새로 온 목장주의 새로운 엘리트에 의해 도전받고 있었다. 그는 행정부 초기에 브라질 연방에서 가장 가난하고 중요하지 않은 주인 아크리가 브라질리아의 연방정부로부터 재정 지원을 거의 기대할 수 없다는 사실을 깨달았다. 따라서 고무 채취 노동자와 그 지지자들의 요구에 호의적으로 응답하는 듯 보

이는 것이 좋은 정치적, 행정적 의미를 갖는다면 그것은 정치적 배당금을 지불할 것이며, 새로운 사람들에 대한(착취하는 자와 착취당하는 자 모두에게 해당하지만) 아크리아노스의 동맹으로 나타나는 정치적 배당금을 지불할 것이다. 또한 풀뿌리 단체가 요구하고 국제적으로 옹호하는 지속 가능한 개발 원칙에 동의함으로써 얻는 이익이 있었다. 개발 프로그램을 지원하는 세계은행 및 국제 열대 목재 기구(International Tropical Timber Organization, ITTO)와 같은 국제 조직에 매력적으로 보일 수 있었기에 재정적으로도 이점이었다. 주 정부는 홍보에서 '아크리 생태 정부'를 자처하기 시작했고, 목장보다는 산림의 합리적인 사용을 장려하는 데 집중하리라 약속했다. 논쟁의 여지가 있는 새로운 도로와 식민지화 계획은 보류되었다. 그러나 심각한 문제가 발생했다. 힘이 약한 주 정부는 연방정부의 정치적, 경제적 우세함을 견딜 능력이 거의 없었다. 아크리에서 보이는 농촌민주연합의 성장에서 알 수 있듯이 목장주의 힘이 증가하고 있었다. 무엇보다도 새로운 엘리트의 도전에 직면하여 퇴폐적인 엘리트와 이전 주체 간의 기회주의적 동맹은 장기적인 전망이 거의 없었다. 1990년에 선출된 사회민주당 정부는 고무 채취 노동자나 채굴 보존 지역에 동조하지 않았다.

3) 고무 채취 노동자는 오래된 30리터 파라핀 캔을 사용하여 브라질너트를 거래한다.

4) 아크리기술지원재단은 플라비아노 멜로 정부가 아크리에 산림의 미래가 있다는 믿음으로 설립되었다. 시범 산림 관리 프로젝트는 국제 열대 목재 기구가 자금을 지원했으며, 히우브랑쿠의 폭발적인 도시 인구를 위한 적절한 저비용 주택을 포함해 지속 가능한 산림과 지역 목재 사용을 위한 계획이 시행되었다. 아크리기술지원재단은 전국 고무 채취 노동자협의회와 농촌노동자 조합과 협력하여 산림에 학교와 보건소를 설계하고 공급했다. 캐나다 정부는 아크리기술지원재단 및 전국 고무 채취 노동자협의회에 1천만 캐나다 달러가 드는 연구 및 산림 관리 프로젝트를 승인했다. 그러나 현재 사회민주당 정부는 이러한 계획을 진행하는 데 관심이 거의 없다.

5) 사건 당시 이바르는 16세였다. 그는 샤푸리 농촌 노동조합원이자 1988년 11월 지방선거에서 노동당 의원 후보로 출마했다. 1988년 6월 18일, 샤푸리 외곽에서 길가에 매복하던 암살자들의 공격으로 살해당했다.

5장

1) 언급한 노동조합 지부는 고무 채취 노동을 하지 않는 사람도 포함하는 샤푸리 농촌노동자 조합에 속한다. 그러나 숲이 아직 개간되지 않은 지역은 거의 모든 조합원이 고무 채취 노동자다. 이는 노동조합이 왜 해당 지역에서 전국 고무 채취 노동자협의회의 지원 기반이 되었는지 설명한다.

2) 이 단락은 전국 고무 채취 노동자협의회와 브라질 노동자 중앙회 및 샤푸리 농촌 노동자 조합이 발행한 팸플릿인 『Chico Mendes』에 게재된 인터뷰에서 인용했다. 시위에 관한 그래픽 설명도 포함된다.

3) 치코 멘데스가 언급한 사람은 당시 정부의 보건부 장관이었던 호세 알베르토(1983-1986년 재임)다. 그는 재직 시절 동안 공중보건 프로그램에서 중요한 혁신을 이루었다.

4) 건강증진 기획자들은 1차 건강관리 교육을 받고, 건강과 영양 교육 및 응급처치를 담당하도록 발탁한 단체의 구성원이다.

용어 해설

ABI Associação Brasiléira de Imprensa(Brazilian Press Association), 브라질 언론 협회

ARENA Aliança Renovadora Nacional(National Alliance for Renewal), 국가혁신연합당 (1965년부터 1979년까지 정부 여당이었다)

autenticos(아우텐치코스) 저항운동의 급진적인 쇄신을 옹호하는 노동조합원들을 일컫는다.

BBC British Broadcasting Corporation, 영국방송공사

CEDI Centro Ecumênico de Documentação e Informação(Ecumenical Docu-mentation and Information center), 전(全) 기독교 문서 및 정보 센터(NGO 단체로, 리우데자네이루와 상파울루에서 활동한다)

CESE Coordenadoria Ecumênica de Serviços(Ecumenical Services Network), 전(全) 기독교 서비스 네트워크(NGO 단체이며 살바도르에서 활동한다)

CGT Central Geral dos Trabalhadores(General Workers' Central), 일반 노동자 중앙회 (PCB/PCdoB/PMDB 단체와 연계된 노동조합 총회)

CIA Central Intelligence Agency, 미 중앙정보국

CIMI Conselho Indígena Missionário(Indigenous Missionary Council), 토착민 선교 위원회

CNS Conselho Nacional dos Seringueiros(National Rubber Tappers Council), 전국 고무 채취 노동자협의회

CONCLAT Conferência Nacional das Classes Trabalhadoras(National Conference of the Working Classes), 전국 노동 계급 회의

CONTAG Confederação Nacional dos Trabalhadores na Agricultura(National Confederation of Rural Workers), 전국농업노동자연맹

CPT Comissão Pastoral da Terra(Pastoral Land Commission), 목회 토지위원회

CUT Central Unica dos Trabalhadores(Workers' Central), 브라질 노동자 중앙회(노동당

및 진보적인 교단과 제휴한 노동조합 총회)

FETACRE   Federação dos Sindicatos dos Trabalhadores Rurais do Acre(Federation of Rural Workers of Acre), 아크리 농촌 노동조합 연맹

FUNAI   Fundação Nacional do Indio(National Indian Foundation), 국립 토착민 재단(연방정부 소속 기관)

FUNTAC   Fundação de Tecnologia do Acre(Acre Foundation for Technology), 아크리 기술지원재단(주 정부 소속 기관)

IBAMA   Instituto Brasileiro do Meio Ambiente e dos Recursos Naturals Renováveis(Brazilian Institute for the Environment and Renewable Natural Resources), 브라질 환경 및 재생 가능한 천연자원 연구소(연방정부 소속)

IBDF   Instituto Brasileiro de Desenvolvimento Florestal(Brazilian Forestry Development Institute), 브라질 연방임업위원회(연방정부 소속)

IEA   Instituto de Estudos Amazônicos(Institute for Amazon Studies), 아마존 연구 기관(NGO 단체로 쿠리티바에서 활동한다)

INESC   Instituto de Estudos Sócio-Economicos(Institute of Socio-Economic Studies), 사회경제 연구소(NGO 단체로 브라질리아에서 활동한다)

MDB   Movimento Democrático Brasileiro(Brazilian Democratic Movement), 브라질 민주운동당(1965년-1979년까지 야당이었으며 후에 PMDB 당으로 이어진다)

MIRAD   Ministério de Reforma e do Desenvolvimento Agrario(Ministry of Agrarian Reform and Development), 농업개혁개발부

NGO   Non-governmental organization, 비정부단체

PCB   Partido Comunista Brasileiro(Brazilian Communist Party), 브라질 공산당(친 모스크바 당)

PCdoB   Partido Comunista do Brasil(Communist Party of Brazil), 브라질 공산당(친 알바니아 당)

PDS   Partido Democrático Social(Social Democratic Party), 사회민주당(보수당)

PMDB   Partido do Movimento Democrático Brasileiro(Party of the Brazilian Democratic Movement), 브라질민주화운동당

PSB   Partido Socialista Brasileiro(Brazilian Socialist Party), 브라질 사회주의당

PSDB   Partido Social-Democrata Brasileiro(Brazilian Social Democrat Party), 브라질 사회민주당(1988년 PMDB 당에서 좌파 세력을 형성)

PT   Partido dos Trabalhadores(Workers' Party), 노동당

PV   Partido Verde(Green Party), 녹색당

SEMAM   Secretaria de Meio Ambiente, Presidência da República(Environ-ment Secretary, Office of the President of the Republic), 공화국 대통령 직속 환경사무국(연방정부 소속)

Seringal   고무 농장

Seringalista   고무 농장 소유주

Seringueiro   고무 채취 노동자

SUDHEVEA   Superintendénica do Desenvolvimento da Borracha(Rubber Development Board), 고무개발위원회(연방정부 소속)

UDR   União Democrática Ruralista(Democratic Rural Union), 농촌민주연합(지주를 대표하는 기관)

UNI   União da Naçoes Indígenas(Union of Indigenous Nations), 토착민 연합 위원회(비정부기관)

브라질 톺아보기*

인구

총인구수: 150,368,000(1990년 기준)

연간 성장지수: 2.2%(1981-1990년)

도시 인구수: 74.9%(1990년)

면적: 8,511,965제곱킬로미터(영국 면적의 약 3배)

주요 도시(1980년 인구조사 기준): 상파울루 8.5백만 명, 리우데자네이루 5백만 명, 살바도르 1.5백만 명

인종

출신: 유럽 54.8%, 아프리카 5.9%, 혼혈 38.5%

브라질 토착 거주자(원주민)들의 수는 약 200,000명을 웃돈다.

주요 언어: 포르투갈어

종교: 로마 가톨릭 89.1%, 청교도 6.6%

사회적 지수

유아(생후1년미만) 사망률: 1,000명당 63.2%(1985-1990)

---

* 자료 출처: 경제정보부(Economist Intelligence Unit, EIU); 라틴아메리카&카리브해 지부 유엔 위원회(UN Commission on Latin America and the Caribbean(ECLAC)); 브라질 정부(Brazilian Government); 세계은행; 미주개발은행.

기대수명: 64.9%(1985-1990)

문맹률: 18.9%(1990)

상하수도: 도시(1985) 85%, 교외 56%

경제지수

GDP: $326,195만(1990)

무역: 수출 $37,701만(1990), 수입 $24,193만(1990)

주요 수출품(1989):

공산품 71%, 콩 & 기타 상품 8.6%, 철광석 6.3%, 커피콩 4.7%

무역 파트너(1987)

수출: 미국 27%, 유럽 위원회 26%, 일본 7%, 라틴아메리카 6%

수입: 석유 수출국 기구(The Organization of the Petroleum Exporting Countries, OPEC) 23%, 유럽 위원회 22%, 미국 21%, 라틴아메리카 11%, 일본 6%, 캐나다 3%

인플레이션: 1585%(1990); 466%(1991)

외채: $122,000,000,000,000(약 122조 원, 1991)

브라질 지도

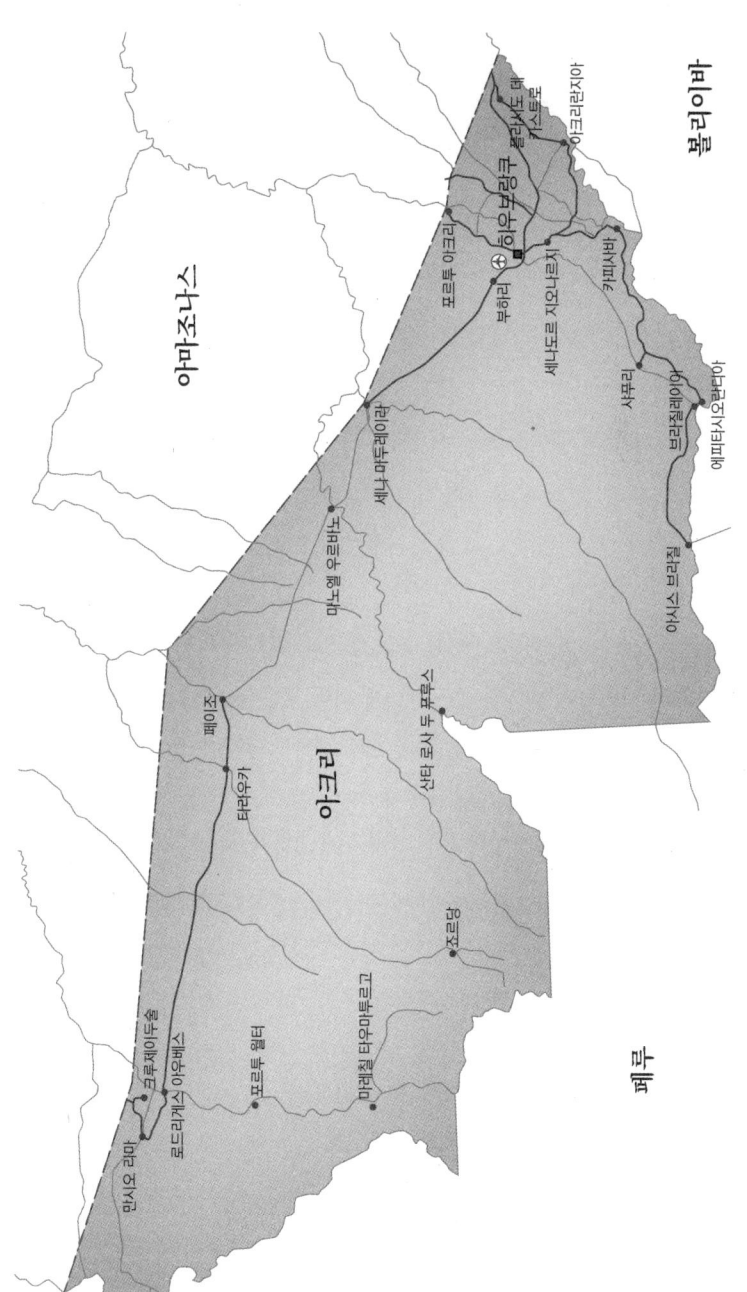

아크리 연대기

1750년: 임산물 수집가들이 계절을 따라 계속해서 아마존강 상류로 유입되기 시작

1860-70년대: 수집가들은 상류 쪽인 푸루스와 아크리계곡을 관통해 들어오기 시작

1878년: 아크리강에 건설된 최초의 영구 고무부지

1880-1911: 고무 붐 사태. 아크리 피나는 최고 품질의 수출용 고무로 여겨졌다. 가뭄을 피해 탈출한 북동부 농촌노동자들은 고무 채취 노동자가 되기 위해 아크리 지역으로 이주했다.

1911-1940년대: 고무 산업 침체기

1942-45: 미국과 브라질 간의 맺은 협정에 따라 고무 부지가 재활성화되었다. 브라질 북동부에서 건너온 고무 채취 노동자들이 뉴웨이브를 이루었다.

1945-60년대 후반: 연방정부가 고무 농장 소유주에게 보조금을 지급

1970년대: 정부가 보조금을 철회하자 소유주는 고무 농장을 버리거나 브라질의 다른 지역에 있는 목축업자에게 판매했다.

1974: 샤푸리와 브라질레이아에 농촌노동자 노동조합이 설립되었다.

1980: 샤푸리에서 문맹 퇴치 및 협동 프로젝트 시작되었다. 목장주와의 갈등이 증폭되는 시기. 저항운동이 시작되었다. 윌슨 피녜이루가 암살당했다.

1985: 브라질리아에서 제1회 전국 고무 채취 노동자 의회가 열렸다.

1986: 치코 멘데스가 노동당 주의회 후보로 출마하는 데 실패한다.

1987: 치코 멘데스가 미주개발은행 총재와 만나 영향력을 행사. 영국 방문. 유엔 글로벌 500상 수상.

1988 5월: 저항운동 도중, 에콰도르 고무 농장에서 고무 채취 노동자 두 명이 총에 맞았다.

6월: 고무 채취 노동자 지도자인 이바르가 샤푸리에서 암살당했다.

10월: 브라질 정부가 최초의 채굴 보존 지역 3개를 지정하는 법령에 서명했다. 치코 멘데스를 비롯한 동지들을 대상으로 살해 위협이 끊임없이 반복되었다.

12월: 치코 멘데스가 살해당했다.

1989 3월: 히우브랑쿠에서 열린 제2차 전국 고무 채취 노동자협의회 전국회의 및 제1차 산림 민족 연합 전국회의

1990 1월/3월: 사르니 정부는 퇴임하면서 채굴 보존 지역에 대한 법적인 생산자를 규제하고, 아크리에 대규모 보존 지역 두 개를 만들었다. 주루아 상부 지역(500,000헥타르)과 치코 멘데스가 제의한 지역(브라질레이아와 샤푸리 사이 100만 헥타르)이다.

11월/12월: 주지사 선거에서 노동당 후보가 사회민주당 후보에게 패배. 노동당 플랫폼에는 채굴 보존 지역과 자체적으로 관리하는 지속 가능한 산림채취산업에 대한 지원이 포함되었다.

12월: 달리 알베스 다 실바와 그의 아들, 다르씨 알베스 페레이라가 샤푸리에서 치코 멘데스를 살해한 혐의로 배심원 재판을 받았다. 둘 다 매복에 의한 계획적 살인 혐의로 유죄 판결을 받고, 19년형을 선고받았다.

1991 9월: 주루아계곡의 전국 고무 채취 노동자협의회 조정관인 안토니오 마케도에 대한 암살 시도가 있었다.

1992 2월: 히우브랑쿠 지방 상소법원은 달리 알베스 다 실바에 대한 유죄 판결을 무효화했다.

브라질 연대기

1822: 브라질이 포르투갈로부터 독립을 선언

1865-70: 파라과이와 치른 전쟁에서 아르헨티나, 우루과이와 동맹을 맺음. 파라과이 패배

1888: 노예제 폐지

1930: 제툴리오 바르가스가 집권

1937: 군부정권이 권위주의 국가인 에스타도 노보를 수립

1954: 군부 세력이 쿠데타 세력에 위협을 가함; 바르가스가 자살함

1964: 미국의 지원으로 군부 세력이 후아우 굴라트 대통령을 타도

1968: 군부 강경파 세력은 검열과 억압, 고문으로 정치적 반체제 인사를 탄압. 경제 '기적' 시작

1979: 후아우 피게이레도(João Figueiredo) 장군이 민주주의 회복을 약속하며 대통령으로 취임. 양당제가 폐지되고 노동당을 포함한 6개 정당이 신설

1982: 국제통화기금에 도움을 요청할 정도로 심각한 부채 위기에 직면

1983: 국제통화기금이 시행한 긴축 프로그램으로 인해 국가 생산량이 3.5퍼센트 감소하고, 상파울루에서 식량 폭동이 발생

1985: 21년간 군부 통치를 청산하고 민간 정부로 전환. 이전에 군정당 대표였던 호세 사르니가 집권

1986: 사르니 정부가 경제위기에 단기적인 안정을 가져오는 데 성공한 경제 안정화 계획인 플랜 크루자도(Plano Cruzado)를 시행. 이 계획은 주

전국의회 선거에서 여당인 브라질민주화운동당이 압도적인 승리를 거둘 수 있을 만큼 지속되었다.

1987: 전국의회는 1988년 10월에 최종적으로 공포된 새 헌법을 작성하기 시작

1988: 노동당이 11월 지방선거에서 상파울루와 기타 주요 도시에서 주도권을 잡음

1989: 페르난도 콜로르 드 멜로가 대통령으로 당선

1989-92: 환경 및 인권문제, 특히 아마존 삼림 벌채와 야노마미 인디언 대량학살, 거리에 내몰린 어린이의 광범위한 살해 등을 적은 기록에 대해 강력한 비판에 직면

1992 3월: 페르난도 콜로르 드 멜로 대통령이 브라질 천연자원 연구소를 공개적으로 공격한 호세 루첸베르거 환경장관을 경질. 루첸베르거는 브라질 천연자원 연구소가 외국 자금을 부실하게 관리하고, 부패했다며 비난함.

6월: 리우데자네이루에서 유엔 환경개발회의 개최.

더 읽을거리

- Sue Branford and Oriel Glock 『The Last Frontier: Fighting over Land in the Amazon』, Zed Books, London 1986
- Catherine Caulfield 『In the Rainforest: Report from a Strange, Beautiful, Imperiled World』, University of Chicago Press; Reprint edition, 1991
- Adrian Cowe l 『The Decade of Destruction: The Crusade to Save the Amazon Rain Forest』, Henry Holt&Co; 1st edition, 1990
- Gilberto Dimenstein and Jan Rocha 『Brazil: War on Children』, Latin America Bureau, 1991
- Judith Gradwohl, Helen Dizikes and Russell Greenberg, 『Saving the Tropical Forests』, Island Press; 1st edition, 1988
- Independent Commission on International and Humanitarian Issues 『The Vanishing Forest: the Human Consequences of Deforestation』, Zed Books, London 1986
- Richard Knowles, Craig Johnson and Marcus Colchester 『Rainforests: Land Use Options for Amazonia』, pupil book and teachers' resource pack, OUP & WWK-UK, Oxford University Press, 1989
- Kenneth Maxwel 『The Mystery of Chico Mendes』, New York Review of Books, 28 March 1991, pp.39-48
- Francois Nectoux and Nigel Dudley 『A Hard wood Story: An Investigation into the European Influence on Tropical Forest Loss』, Friends of the Earth, 1987
- Andrew Revkin 『The Burning Season: The Murder of Chico Mendes and the Fight for the Amazon Rain Forest』, Houghton, 1990
- Jackie Roddick 『The Dance of the Millions: Latin America and the Debt Crisis』, Latin America Bureau, 1990

- David Treec 『Bound in Misery and Iron: The Impact of the Grande Carajas Programme on the Indians of Brazil: A Report from Survival International with an Environmental Assembly』, Friends of the Earth, 1987

영화

- <Chico-I want to live>, 1988, 40 minutes, color, Central TV for Channel 4 (Despatches) Distributor: Central Independent Television International, 35-38 Portman Square, London W1A 2HZ
- <Death in the Rainforest>, 1988, 40 minutes, color, BBC, (Panorama) Distributor: BBC Enterprises, Woodlands, 80 Wood Lane, London W12 0TT

행동을 위한 단체와 정보

- Catholic Fund for Overseas Development (CAFOD)

  Development and Environment campaign

  2 Romero Close, London SW9 9TY, Tel: 071-733-7900
- Survival International

  310 Edgware Road, London W2 1DY, Tel: 071-723-5535
- Christian Aid

  PO Box 100, London SE1 7RT, Tel: 071-620-4444
- Trocaire

  169 Booterstown Avenue, Blackrock, Co Dublin, Ireland, Tel: 0001-885-385
- Friends of the Earth Tropical Rainforest Campaign

  26-28 Underwood Street, London N1 7JQ, Tel: 071-490-1555
- World Wide Fund for Nature(WWK-UK)

  Panda House, Weyside Park, Godalming, GU7 1XR, Tel: 0483-426-444
- Oxfam

Oxfam 2000, Campaigns Unit, 274 Banbury Road, Oxford OX2 7DZ, Tel: 0865-311-311

2022년 4월 브라질에서
치코 멘데스의 동상이 훼손됐다.
분노한 룰라는 이렇게 말했다.

"그들은 치코 멘데스를 살해했지만,
그의 사상마저 죽일 순 없습니다."

나, 치코 멘데스
숲을 위해 싸우다

초판 1쇄 2023년 3월 10일

지은이 치코 멘데스
옮긴이 이중근 · 이푸른
디자인 유리악어
본문 일러스트 김선호

펴낸이 이채진
펴낸곳 틈새의시간
출판등록 2020년 4월 9일 제406-2020-000037호
주소 경기도 파주시 하늘소로16, 105-204
전화 031-939-8552
이메일 gaptimebooks@gmail.com

ISBN 979-11-978783-3-6(03330)

* 책값은 뒤표지에 있습니다. 잘못 만들어진 책은 구입하신 서점에서 교환해드립니다.
* 이 책 내용의 일부 또는 전부를 재사용하려면 반드시 저작자와 틈새의시간 양측의 서면 동의를 받아야 합니다.